TRENNKOST IM BERUFSALLTAG

ERICA BÄNZIGER   THERES BERWEGER

TRENNKOST

IM BERUFSALLTAG

schnell – schmackhaft – abwechslungsreich

Mit Menüplan für die schlanke Woche

MIDENA

Die Deutsche Bibliothek – CIP-Einheitsaufnahme

Bänziger, Erica:
Trennkost im Berufsalltag : schnell – schmackhaft –
abwechslungsreich ; mit Menüplan für die schlanke Woche /
Erica Bänziger/Theres Berweger. – Augsburg : Midena-Verl., 1997
    ISBN 3-310-00394-9

Erica Bänziger, dipl. Ernährungs- und Gesundheitsberaterin.
Leitende Ernährungsberaterin des Hotel Esplanade mit Gesundheits-
zentrum in Locarno-Minusio. Arbeitet als freie Journalistin für
Gesundheits- und Ernährungszeitschriften.

Theres Berweger, dipl. Hauswirtschaftslehrerin und
Gesundheitsberaterin. Ernährungsberaterin im Zentrum für
gesunde Ernährung der Stadt Winterthur.

Midena Verlag, Augsburg
© 1997 Weltbild Verlag GmbH, Augsburg
Alle Rechte vorbehalten

Lektorat: Léonie Haefeli-Schmid
Gestaltung Umschlag und Layout: Dora Hirter, Birrwil
Fotos: Evelyn und Hans-Peter König, Zürich
Lithos: Neue Schwitter AG, Basel
Satz: Kneuss Satz AG, Lenzburg
Druck und Bindung: Neue Stalling, Oldenburg
Printed in Germany
Gedruckt auf umweltfreundlich chlorfrei gebleichtem Papier

ISBN 3-310-00394-9

Rezepte – Kohlenhydrat-Gerichte

Rezepte – neutrale Gerichte

Abkürzungen

EL = gestrichener Esslöffel
TL = gestrichener Teelöffel
ml = Milliliter
dl = Deziliter
Msp = Messerspitze

Die Rezepte sind für 2 Personen berechnet!

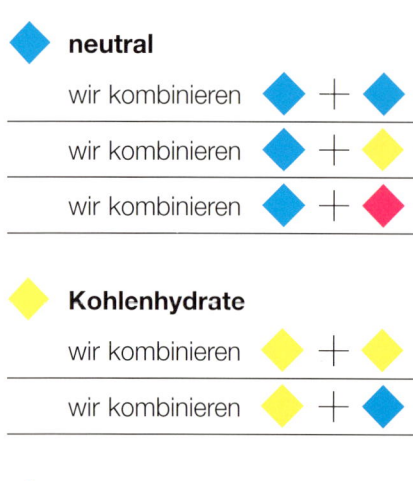

neutral

wir kombinieren

wir kombinieren

wir kombinieren

Kohlenhydrate

wir kombinieren

wir kombinieren

tierisches Eiweiß und
pflanzliches Eiweiß

wir kombinieren

Frühlingsrezept

Sommerrezept

Herbstrezept

Winterrezept

4-Jahreszeiten-Rezept

Die Jahreszeit entspricht der
Saison der einzelnen Frischprodukte. Siehe auch Saison-
kalender Seite 122.

Ideal zum Mitnehmen an den
Arbeitsplatz. Kann kalt gegessen werden.

Ideal zum Mitnehmen an den
Arbeitsplatz bei geeigneter
Kochgelegenheit (Herdplatte
genügt).

**Die Rezepte sind für
2 Personen berechnet.**

Druck und Stress nehmen in der heutigen Arbeitswelt ständig zu. Gesundheitliche Probleme können die Folge sein. Gerade stressgeplagte Menschen leiden häufig unter Verdauungsstörungen. Um die Vedauung nicht übermäßig zu strapazieren, sie sogar zu entlasten und zu stärken, empfiehlt sich die seit Jahrzehnten bewährte Ernährung nach Trennkost.

Die Trennkost ist nicht nur zum Abnehmen geeignet; sie ist eine bekömmliche, gesunde Alltagskost und auch für Berufstätige die ideale Ernährungsform.

Mit einfachen, schmackhaften Rezepten, abgestimmt auf die vier Jahreszeiten, möchten wir mit diesem Buch allen an Trennkost Interessierten einen leichten Einstieg in die gesunde Ernährung ermöglichen. Auch wenn sich das Wort "Trennen" als sehr absolut anhört, ist es ein wichtiger Schritt zu einer harmonischen Ernährung. Wer sich gesund ernährt, tut Gutes für den ganzen Menschen. Wir hoffen natürlich, dass Sie trotz beruflicher Belastungen täglich genug Muße und Zeit für die Zubereitung Ihrer Mahlzeiten finden werden. Ganz besonders wünschen wir Ihnen viel Freude mit dieser Ernährungform und eine gute Gesundheit.

Erica Bänziger
Theres Berweger

Die Trennkost damals

Der amerikanische Arzt Hay gilt als Begründer der Trennung von Lebensmitteln. Hay, der zu Beginn dieses Jahrhunderts lebte, erfuhr dank Umstellung auf Trennkost Linderung und Heilung von einem Nierenleiden. Später behandelte er in seiner Praxis Tausende, darunter auch Schwerstkranke, mit großem Erfolg nach dem Trennkost-Prinzip. Hay brauchte weder Regeln bezüglich Vollwertigkeit und Ballaststoffen aufzustellen noch Höchstmengen für tierisches Eiweiß festzusetzen; er lebte in einer Zeit ohne Nahrungsmittelindustrie und das Fleisch war äußerst knapp.

Die Trennkost heute

Unsere Ernährungsgewohnheiten haben sich seit Hay grundlegend verändert. Nahrungsmittelknappheit kennen wir kaum, das Angebot ist riesig und jedermann uneingeschränkt zugänglich. Der Anteil an denaturierten Lebensmitteln (Halb- und Fertigfabrikate, Weißmehl, Kristallzucker usw.) und tierischem Eiweiß (Fleisch, Wurstwaren, Eier, Käse usw.) in unserer täglichen Ernährung hat sukzessive zugenommen und die gesunden, ballaststoffreichen Produkte (Gemüse, Früchte usw.) verdrängt. Wir leiden unter einem Defizit an Inhaltsstoffen und einem Kalorienüberschuss. Hinzu kommen Stress am Arbeitsplatz und in der Freizeit sowie Bewegungsarmut.

Die Trennkost, wie sie heute gelehrt und praktiziert wird, verfolgt mehrere Ziele:

Die Ziele der Trennkost

— Der Anteil an Ballaststoffen soll erhöht werden. Die Ernährung soll basenüberschüssig sein.

— Das tierische Eiweiß und das konzentrierte pflanzliche Eiweiß sollen reduziert werden (es werden Höchstmengen empfohlen).

— Denaturierte Produkte sollen durch vollwertige ersetzt werden.

— Frischprodukte haben erste Priorität.

— Die tägliche Kalorienzahl soll den heutigen Lebensgewohnheiten Rechnung tragen.

— Die Trennkost ist immer basenüberschüssig und beugt damit der Übersäuerung des Organismus und den durch Übersäuerung weit verbreiteten Zivilisationskrankheiten (Müdigkeit, Kraftlosigkeit, nervöse Erschöpfung, Schlaflosigkeit, Depressivität, Zahnkaries, Gelenk- und Ischiasschmerzen, Übergewicht usw.) vor.

Was versteht man unter Trennkost?

Wer sich nach den Regeln der Trennkost ernährt, trennt in einer Mahlzeit tierisches und konzentriertes pflanzliches Eiweiß von Kohlenhydraten. Bei der Trennkost handelt es sich um eine mehrheitlich pflanzliche (laktovegetabile) Ernährung, die sich aus Rohkost (Blattsalat, rohes Gemüse), gegartem Gemüse und frischen (mehrheitlich rohen) Früchten einesteils und kohlenhydratreichen Lebensmitteln (Getreide und Getreideprodukte, Kartoffeln, Hülsenfrüchte usw.) andernteils zusammensetzt. Milch und Milchprodukte, Fleisch, Fisch, Sojaprodukte und Eier werden in kleineren Mengen gegessen. Auch Fett in Form von Butter, Sahne/Rahm und pflanzlichem Öl in kleinsten Mengen sind Teil der Trennkost-Ernährung.

Trennkost ist ein Trennen von eiweißreichen und kohlenhydratreichen Nahrungsmitteln

Die Nährstoffe und ihre Verdauung

Jedes Lebensmittel setzt sich aus verschiedenen Nährstoffen zusammen, wobei der Nährstoff mit dem größten Anteil den Ablauf der Verdauung bestimmt.

Unser Organismus ist in der Lage, Nahrungsmittel in unterschiedlichster Kombination zu verwerten. Kombinationen im Sinne der Trennkost, d. h. eine basenüberschüssige Ernährung mit einem großen Ballaststoffanteil garantieren eine optimale Verwertung der Nahrung. Wir haben weder Verdauungsprobleme noch werden wir von Völlegefühl, Müdigkeit und Leistungsabfall geplagt.

Die Nahrungsmittelgruppen

Kohlenhydrathaltige Nahrungsmittel

Zur Gruppe der Kohlenhydrate (siehe Tabelle) gehören Getreide und Getreideprodukte, Kartoffeln und Kartoffelprodukte, Kastanien, Hülsenfrüchte, Trockenobst sowie Honig und Fruchtdicksaft. Sie enthalten Stärke und Zucker und liefern uns Energie, damit wir uns bewegen können, unsere Verdauung funktioniert, unser Herz in gleichmäßigem Rhythmus schlägt. Bei einem Überschuss an Kohlenhydraten werden diese in Form von Fett im Gewebe eingelagert.

Getreide und Getreideprodukte (komplexe Kohlenhydrate) in naturbelassener (unraffinierter) Form werden im Gegensatz zu raffinierten Produkten nur langsam resorbiert; ein Plus für den Organismus, der während längerer Zeit gleichmäßig mit Energie versorgt wird.

Nahrungsmittelgruppen

Komplexe Kohlenhydrate	Eiweiß (Proteine)	Neutrale Produkte
Getreide ganze Körner wie Dinkel, Weizen, Roggen, Gerste, Hafer, Reis, Mais, Hirse, Buchweizen usw.	**Tierisches Eiweiß** Geflügel Kaninchen Kalb- und Rinderfleisch Lammfleisch Wildfleisch getrocknetes Fleisch Fleischprodukte Speck	**Gemüse/Salate** alle Blattsalate alles rohe Gemüse alles gegarte Gemüse
alle Mehlarten aus Getreidekörnern (Mehl, Grieß, Schrot, Couscous)	**Fisch** ganze Fische Fischfilets Schalen- und Krustentiere	**Gemüsefrüchte** Tomaten Gemüsepaprika/Peperoni Zucchini Gurken
Getreideprodukte Vollkornbrot Vollkornknäckebrot Vollkornzwieback Vollkorngebäck Nudeln/Teigwaren	**Milch** Sauermilch Jogurt nature Quark Halbrahm Kaffeerahm Käse	**Sprossen und Keimlinge** **Früchte** Kernobst/Steinobst Zitrusfrüchte Beeren Bananen Kiwi
Kartoffeln und Kartoffelprodukte **Kastanien** **Hülsenfrüchte** Linsen, getrocknete Bohnenkerne	**Eier** **Pflanzliches Eiweiß** Sojamilch Tofu Tempeh Seitan	**Ölsaaten** kaltgepreßte Öle wie Sonnenblumenöl, Olivenöl, Nussöl usw. für Salate Pflanzenfette Reform-Margarine Avocados
Trockenobst/Trockenfrüchte **Natürliche Süßstoffe** Honig, Ahornsirup, Birnendicksaft usw.		**Nüsse und Samen** **tierische Fette** Butter Schlagsahne/Rahm mit 30% und mehr Fettanteil saure Sahne/Sauerrahm Crème double/Doppelrahm Crème fraîche

Naturbelassene kohlenhydrathaltige Lebensmittel sind in der Regel reich an Ballaststoffen, also unverdaulichen Pflanzenbestandteilen. Sie quellen im Darm stark und machen den Nahrungsbrei geschmeidig und regen durch das große Volumen die Verdauungstätigkeit an. Zugleich resorbieren und scheiden sie Giftstoffe und Cholesterin aus. Durch gutes Kauen wird die Verdauung unterstützt; die Nahrungsfasern sind zudem für das Zahnfleisch eine sanfte Massage und beugen Parodontose wirksam vor.

Weißer Zucker (Haushaltzucker) gehört ebenfalls in die Gruppe der Kohlenhydrate. Er kann bei einer gesunden Ernährung nicht empfohlen werden. Weißer Zucker liefert zwar Kalorien, nährt aber kaum und ist zudem ein Mineralstoff- und Vitaminräuber und führt bei empfindlichen Menschen zu Nervosität, Konzentrationsschwäche, aber auch Müdigkeit und depressiver Verstimmung.

Wir kombinieren Kohlenhydrate und neutrale Produkte

Die tägliche Kohlenhydratmenge

Pro Kilogramm Körpergewicht rechnen wir
4 bis 6 g Kohlenhydrate;
bei 60 Kilogramm sind das
240 bis 360 g täglich.

Bei einer Gewichtsreduktion muss auch die Kohlenhydratmenge reduziert werden;
die Mindestmenge liegt zwischen 30 und 50 g.

Eiweißhaltige Nahrungsmittel

Reich an Eiweiß oder Proteinen sind unter anderem Fleisch, Fisch, Eier, Milch und Milchprodukte und auch zahlreiche pflanzliche Produkte.

Auch Muskeln, Blut, Haut und Haare enthalten Eiweiß, welches der Körper aus Proteinen bildet. Ohne Eiweiß gibt es kein Leben: Eiweiß ist ein lebenswichtiger Stoff.

Das Eiweiß kann aus einfachsten Grundstoffen gebildet werden. Die Bausteine heißen Aminosäuren. Diese sind in verschiedener Zusammensetzung und Menge in fast allen Nahrungsmitteln enthalten.

Tierische Produkte enthalten zwar das für unseren Körper am einfachsten aufzunehmende Eiweiß, für einen guten "Baustoff" sind sie aber trotzdem nicht zwingend. Da pflanzliches Eiweiß nicht alle lebensnotwendigen Aminosäuren enthält, muss auf die richtige Kombination geachtet werden: Ideal ist die Verbindung von Hülsenfrüchten und Vollgetreide.

So erhalten wir einen vollwertigen und guten Ersatz. Pflanzliches Eiweiß ist auch aus ökologischer Sicht zu bevorzugen. Tierisches Eiweiß kann nur unter Einsatz großer Mengen pflanzlicher Produkte (Tierfütterung) produziert werden, ein Umstand, der die Nahrungsmittelsituation in Drittweltländern weiterhin verschärft.

Wir kombinieren tierisches Eiweiß mit neutralen Produkten, vor allem mit Salat und Gemüse.

Die tägliche Eiweißmenge

Pro Kilogramm Körpergewicht rechnen wir 0,5–0,8 g; bei 60 Kilogramm sind das 30–60 g Eiweiß täglich.

Die wöchentliche Eiweißmenge

tierisches Eiweiß

Fleisch	200–240 g
oder Fleisch mit Knochen	+ 100 g
Fisch	100–120 g
oder ganzer Fisch	150–200 g
Eier	2–3
unpasteurisierte Vollmilch	300 ml/3 dl bis 1000 ml/10 dl
Quark	80–100 g
Käse	120 g

konzentriertes pflanzliches Eiweiß

Tofu	100–150 g
Seitan oder Tempeh	120 g
Sojamilch	300 ml/3 dl

Zu den konzentrierten pflanzlichen Eiweißarten gehören Sojamilch, Tofu und Tempeh, hergestellt aus der Sojabohne, sowie Seitan, hergestellt aus Weizen. Sie liefern ein hochwertiges Eiweiß und sind ein wertvoller Fleischersatz.

Wir kombinieren konzentriertes pflanzliches Eiweiß mit neutralen Produkten, insbesondere mit Salat und Gemüse.

Die neutralen Nahrungsmittel

Gemüse und Früchte

Gemüse, Blattsalat und Früchte zählen zu den vitalstoffreichsten Lebensmitteln. Sie sind ballaststoffreich und enthalten lebensnotwendige Vitamine, Mineralstoffe und Spurenelemente. Ein Vitaminmangel zum Beispiel zeigt sich zuerst sehr unspezifisch, bevor er sich in einer Krankheit manifestiert.

Wir unterscheiden zwischen fettlöslichen und wasserlöslichen Vitaminen. Vitamine der B-Gruppe, Vitamin C, Carotin und H sind wasserlöslich, d. h. sie werden im Kontakt mit Wasser ausgeschwemmt. Vitamin C wird zusätzlich durch Luft, Licht und Wärme zerstört; es ist das empfindlichste aller Vitamine. Die sogenannten fettlöslichen Vitamine (A, D, E und K) können nur in Verbindung mit Fett aufgenommen werden.

Zu einem Vitaminmangel führen einseitige Mahlzeiten, falsche Zubereitungsmethoden, falsche Lagerung, zu lange Lagerzeit, Ernte in unreifem Zustand und nicht artgerechte Produktion.

Magen-Darm-Erkrankungen, aber auch Galle-Leber-Leiden können einem Mangel Vorschub leisten. Erhöhter Vitaminbedarf besteht bei Säuglingen, Schwangeren, stillenden Müttern und älteren Menschen.

Früchte sollten wenn immer möglich nicht mit anderen Lebensmitteln kombiniert werden. Viel Säure kann bei Empfindlichkeit zu Blähungen im Verdauungstrakt führen.

Fette und Öle

Fette und Öle sind die energiereichsten Nährstoffe unserer Nahrung und werden hauptsächlich als Energiequelle für längere und extreme körperliche Leistung gebraucht. Sie sind aber auch am Aufbau unserer Nerven beteiligt.

Die Qualität, d. h. die Zusammensetzung entscheidet, wie das Fett im Organismus eingesetzt werden kann. Fette mit vorwiegend gesättigten Fettsäuren dienen ausschließlich der Energiegewinnung; was nicht verwertet werden kann, führt zu den leidigen Fettpolstern.

Die bei Zimmertemperatur flüssigen pflanzlichen Öle enthalten zum Teil ungesättigte Fettsäuren. Sie sind Träger der fettlöslichen Vitamine A, D, E, K, von Farbstoffen und ätherischen Ölen. Daneben sind sie am Aufbau von Zellwänden und an der Bildung von Gewebshormonen beteiligt. Sie sind ein wirksamer Faktor zur Senkung des Cholesterinspiegels. Am wertvollsten sind die kaltgepressten Öle.

Butter, Sahne/Rahm, saure Sahne/Sauerrahm, Doppelsahnekäse/Doppelrahm- käse (mind. 65% Fett i. Tr.)

Sahne-/Rahmprodukte mit einem Fettanteil von 30% und mehr (Sahne/ Rahm, Crème fraîche, Crème double usw.), Butter und Käse mit mindestens 65% Fett i. Tr. zählen zu den neutralen Produkten. Ihr Eiweißanteil ist sehr klein.

Nüsse und Samen

Nüsse (Haselnüsse, Walnüsse/ Baumnüsse, Cashewnüsse, Mandeln, Paranüsse usw.) und Samen (Sesamsamen, Sonnenblumenkerne, Kürbiskerne usw.) enthalten nebst hochwertigem Öl einen beachtlichen Anteil an Eiweiß, fettlöslichen Vitaminen, Mineralstoffen und Spurenelementen. Es sind wertvolle, aber konzentrierte Lebensmittel. Leider werden die Nüsse und die Samen heute sehr oft bestrahlt, was ihren gesundheitlichen Wert vermindert.

Nüsse und Samen ergänzen in kleinen Mengen kohlenhydrat- und eiweißreiche pflanzliche Lebensmittel.

> **Wir kombinieren neutrale Produkte mit Kohlenhydraten oder Eiweiß**

Was essen?

frische, unbelastete (biologische) Produkte

Frische, unbelastete Lebensmittel öfters roh essen. Sie enthalten einen hohen Anteil an Vitalstoffen. Nicht jedes Lebensmittel eignet sich jedoch für den Frischverzehr.

Saisonprodukte aus der näheren Umgebung

Wer Saisonprodukte aus einheimischer Produktion wählt, tut Gutes für die Gesundheit und den Geldbeutel und schont erst noch die Umwelt.

viel Frischkost

Die Mahlzeit (ohne das Abendessen) sollte sich zu einem Drittel oder bis zur Hälfte aus Frischkost zusammensetzen: Blattsalate, rohes Gemüse, rohe Früchte, Müsli aus frisch geschrotetem, ungekochtem Getreide. Frischkost am Abend kann die Verdauung belasten.

Keimlinge und Sprossen

Sie sind reich an wertvollen Inhaltsstoffen: hochwertiges Eiweiß, Vitamine, Mineralstoffe, Spurenelemente, ungesättigte Fettsäuren. Der Vitamin-E-Gehalt des Weizenkeimlings verdoppelt sich innerhalb von 3 Tagen. Keimlinge und Sprossen sind lebendige Nahrung mit einem großen Anteil an Vitalstoffen. Diese Vitalstoffe schätzt unser Organismus besonders im Winter als wertvolle Ergänzung zu Lagergemüse und Lagerfrüchten.

Keimlinge/Sprossen ziehen

1. 2 bis 3 Esslöffel Weizenkörner in ein Glas geben und mit Wasser bedecken. Einen Tag stehen lassen.

2. Am zweiten Tag das Wasser abgießen. Die Körner gut spülen und wieder ins Glas füllen. Mit einem Mull-/Gazetuch bedecken und mit einem Gummiband fixieren. Am Abend nochmals Wasser ins Glas fließen lassen (das Tuch kann auf dem Glas bleiben) und wieder abgießen. Das Tuch hat die Funktion eines Siebs. Diese Spülungen sollten 2 Mal täglich gemacht werden.

3. Nach 3 Tagen ist aus dem Korn ein Keimling von 3 mm Länge geworden. Die Keimlinge können über Salate und andere Gerichte gestreut werden.

Die ideale Keimtemperatur liegt zwischen 18 und 25 Grad. Im Handel gibt es spezielle Sprossengläser.

Keimzeit einiger Samen

Weizen	3 Tage
Kresse	3–6 Tage
Kichererbsen	3 Tage
Linsen	3 Tage
Mungbohnen	4–5 Tage
Senf	2–6 Tage

Warum Trennkost?

Die Vorteile sind :

— Die Mahlzeiten sind ausgewogen und sättigen gut. Essgelüste sind eher selten.

— Die Trennkost ist abwechslungsreich und gesund.

— Die Trennkost bringt Ordnung in die Essgewohnheiten.

— Die Trennkost schont die Verdauungsorgane.

— Bei Trennkost kann man sein Wohlfühlgewicht erreichen und halten.

— Bei Trennkost kann man konzentriert arbeiten. Man ist leistungsfähig und geistig flexibel.

— Trennkost garantiert eine optimale Versorgung mit allen lebensnotwendigen Nährstoffen.

Die tägliche Portion Trennkost

Morgenessen

ca. 300 g Obst oder Beeren ■

mit
300 g Jogurt nature ■
oder
50–80 g Quark ■
oder
80 g Käse ■

300 ml/3 dl
stilles Mineralwasser ■
oder Kräutertee ■
oder Getreidekaffee ■
oder Bohnenkaffee ■

Zwischenverpflegung

300 ml/3 dl
stilles Mineralwasser ■
oder Kräutertee ■

Frucht ■
Gemüse ■

Mittagessen

100–120 g Fleisch ■
oder 100–120 g Fisch ■
oder 1–2 Eier ■
oder 100–150 g Tofu ■
oder Getreide/Kartoffeln
(siehe Abendessen) ■
mit
300–350 g Salat und/oder
gekochtem Gemüse ■
kleine Übertretung – Dessert

300 ml/3 dl
stilles Mineralwasser ■
oder Kräutertee ■

Abendessen

50–80 g Getreide, ungekocht,
in Form eines Gerichtes ■
oder
100–200 g Getreideprodukte,
ungekocht (Nudeln) ■
oder
100–200 g Vollkornbrot ■
oder 250 g Kartoffeln ■
mit
300–350 g Gemüse, gekocht ■

300 ml/3 dl
stilles Mineralwasser ■
oder Kräutertee ■

Die Trennkost im Berufsalltag

Die Trennkost hat sich in den vergangenen Jahren als eine ideale, auf unsere modernen Lebens- und Arbeitsgewohnheiten abgestimmte Ernährungsform erwiesen: Dank Maschinen, Geräten, Hilfsmitteln im Berufsalltag einesteils, aber auch Motorisierung, Bewegungsarmut, Hektik, Stress andernteils, brauchen wir weniger Kalorien, dafür um so mehr Inhalts- und Ballaststoffe in der täglichen Ernährung.

Trennkost ist auch bei Berufstätigkeit ohne Einschränkung möglich. Die Verpflegung soll unkompliziert und abwechslungsreich sein und insbesondere am Mittag alle Möglichkeiten offen lassen: Verpflegung zu Hause, kalte oder warme Verpflegung am Arbeitsplatz (von zu Hause mitgenommen), Verpflegung in der Kantine oder im Restaurant. Bitte beachten Sie die Symbole bei den einzelnen Rezepten sowie die Tipps zur Verpflegung in der Kantine und im Restaurant.

Die Planung der Mahlzeiten

Wer plant, spart Zeit. Hier einige Tipps:

— Machen Sie einen Menüplan, am besten für eine Woche. Das erleichtert das Einkaufen und spart wertvolle Zeit.

— Essig, Öl, Gewürze, Getreide, Hülsenfrüchte, Nudeln/Teigwaren usw. können einmal im Monat eingekauft werden.

— Gemüse und Salat immer frisch einkaufen. Blattsalat und Blattgemüse und frische Kräuter halten sich im Kühlschrank rund 3 Tage frisch. Alles andere Gemüse kann problemlos 1 Woche und je nach Sorte auch etwas länger kühl aufbewahrt werden.

— Der Gemüsemarkt ist ein idealer Ort, um neue Produkte kennen zu lernen.

— Das Getreide kann am Vorabend oder am Morgen gekocht werden. Im Nu wird daraus ein feines, vollwertiges Gericht.

Die gut eingerichtete Küche

Gute Küchengeräte sind ausgezeichnete Hilfsmittel, um Zeit und Kraft zu sparen. Aber nicht nur Küchengeräte erleichtern die Arbeit, auch eine im Ablauf logisch eingerichtete Küche spart Zeit und fördert die Freude am Kochen.

Kleiner Gemüsehobel	Zum Hobeln von Gemüse (Wurzelgemüse, Kohl usw.) in feine Streifen.
Handrührgerät	Sehr handlich, ideal zum Pürieren, Rühren und Schlagen.
Küchenmaschine	Universalmaschine, mit diversen Scheiben zum Zerkleinern von Gemüse usw. Mit Mixglas, Schneebesen, Teigkneter, Rührschüssel usw. Die Maschine sollte so plaziert sein, dass sie immer einsatzbereit ist.
Moulinette	Zum Zerkleinern von Nüssen, Käse und Kräutern in kürzester Zeit.
Wok	Weite Bratpfanne zum Rührbraten von Gemüse, Getreide, Tofu, Fleisch usw.
Kochtopf mit Siebeinsatz	Zum Garen von Gemüse und Kartoffeln über Dampf.
Titan-Bratpfanne	Für fettarmes Braten.
Schnellkochtopf	Zum Garen und Quellen von Getreide, aber auch für energiesparendes Garen von Gemüse.
Gut schneidende Messer	Sparen Zeit, Kraft und Ärger.

Schnell zubereitete Nahrungsmittel

Kohlenydrate	Eiweißprodukte	neutrale Produkte	
ganze Getreide-körner, am Vortag oder am Morgen vorbereitet (alle Sorten)	**tierisches Eiweiß** alle zarten Fleischstücke Fisch und Fischfilets Schalen- und Krustentiere	**Gemüse, Salate, Pilze** Auberginen Blattmangold Blattsalat Blumenkohl zarte grüne Bohnen	**Früchte** Äpfel Aprikosen Bananen Birnen Erdbeeren Himbeeren
Amaranth Bulgur Couscous Gerste Hafer Hirse 2-Minuten-Mais Quinoa Reis	Eier Milchprodukte (Milch, Jogurt, Käse usw.)	Broccoli Fenchel Gemüsepaprika/ Peperoni Gurken Kohlrabi Kürbis	Holunderbeeren Johannisbeeren Kirschen Kiwi Pfirsiche Pflaumen Trauben
Getreideschrot Grieß Mehl	**pflanzliches Eiweiß** Tofu Tempeh Seitan	Lauch Melonen Möhren/Karotten Pilze Rhabarber	**Fette und Öle** pflanzliche Öle sind als Ergänzung möglichst unge-
Brot Nudeln/ Teigwaren		Staudensellerie Spinat Tomaten Zucchini	kocht zu verwenden
Kartoffeln			
Linsen			

Schonende Garmethoden

Dämpfen/Garen im Wasserdampf

Das Kochgut im Siebeinsatz in den mit Wasser gefüllten Topf hängen und im Dampf bei niedriger Temperatur garen. Der Topf muss gut schließen.

— minimaler Vitalstoffverlust

— Geschmack, Aroma, Farbe und Form bleiben weitgehend erhalten

ideal für Gemüse, Früchte und Kartoffeln

Dünsten/Garen im eigenen Saft

Das Kochgut im offenen Topf in der Butter oder im Öl anschwitzen. Dann zugedeckt auf kleinem Feuer im eigenen Saft oder unter Zugabe von wenig Flüssigkeit garen.

— minimaler Vitalstoffverlust

— gute Entwicklung des Eigenaromas

ideal für Gemüse und Pilze

Quellen lassen

Das Getreide am Vorabend oder am Morgen in der richtigen Wassermenge (ohne Salz) aufkochen, 5 Minuten sprudelnd kochen, dann auf der ausgeschalteten Wärmequelle zugedeckt 15 bis 30 Minuten oder länger quellen lassen.

— minimaler Vitalstoffverlust

— das Aroma kann sich gut entwickeln

für Getreide und Getreideprodukte geeignet

Rührbraten

Kurzes, scharfes Anbraten bei hoher Temperatur unter ständigem Rühren. Ein paar Minuten unter Rühren weiterdünsten. Knackig servieren.

— minimaler Vitalstoffverlust

— das Aroma und die Farbe bleiben weitgehend erhalten

für Gemüse und gekochtes Getreide geeignet

Die Essatmosphäre

Viele Menschen scheinen keine Zeit zum Essen zu finden. Einmal wird die Mahlzeit beim Zeitung lesen hinuntergeschlungen, ein anderes Mal steht der Fernseher im Mittelpunkt des Interesses und wieder ein anderes Mal hat man gerade ein längeres Telefongespräch. Die Folge ist: Man konzentriert sich nicht auf die Mahlzeit und hat auch keine Kontrolle, ob man nun viel oder wenig gegessen hat. Die Versuchung ist groß, sich zwischendurch ein Stück Käse, ein Stück Wurst, eine Scheibe Brot, etwas Süßes usw. zu "erlauben".

— Planen Sie Ihre Mahlzeiten.

— Nehmen Sie sich genügend Zeit zum Essen.

— Essen Sie in entspannter Atmosphäre.

Auswärts essen

Essen am Arbeitsplatz

In diesem Buch finden Sie Vorschläge für kalte und warme Mahlzeiten am Arbeitsplatz. Für eine warme Mahlzeit muss selbstverständlich die entsprechende Infrastruktur vorhanden sein, wobei schon eine einfache Kochplatte ausreicht.

— Planen Sie die Mahlzeit für den nächsten Arbeitstag schon am Vorabend. Es ist wichtig, das Essen in Ruhe vorzubereiten. Wer auf das Vorbereiten verzichtet, wird leicht Opfer des Heißhungers und des unkontrollierten, ungesunden Essens: kalorienreiche Naschereien, ungesundes Fastfood. Solche Produkte enthalten sehr oft viel Fett und wenig Vitalstoffe.

Essen im Restaurant oder in der Kantine

— Entscheiden Sie sich entweder für eine Eiweiß- oder eine Kohlenhydrat-Mahlzeit. Erstere setzt sich aus Fleisch oder Fisch oder Käse und einer großen Portion Salat oder Gemüse zusammen, letztere aus einem Nudel-, Kartoffel- oder Getreidegericht und einer großen Portion Salat oder Gemüse.

— Bei einem ganzen Menü ist es normalerweise einfach, gewisse Speisen wegzulassen oder durch andere zu ersetzen.

— Die Gemüse- und Salatportionen dürfen groß sein, enthalten sie doch wenig Kalorien, dafür um so mehr Vitalstoffe.

— Fleisch oder Fisch im Ausbackteig oder in Brotbröseln sind nicht erlaubt.

Das schlanke Wochenende

Wählen Sie ein Wochenende ohne Verpflichtungen, wenn Sie sich in-
tensiv pflegen, etwas für Ihr Wohlfühlgewicht, Ihre Fitness und die Entschlackung des Körpers tun wollen.
Für eine Intensivkur eignen sich Gemüse, Früchte, Kartoffeln oder Reis.

Bereiten Sie sich ohne Hast auf
das Wochenende vor, kaufen Sie nur
die Lebensmittel ein, die Sie für die
Kur benötigen. Decken Sie sich mit
interessantem Lesestoff oder Musik
ein; vielleicht können Sie sich auch
bei Ihrem Lieblingssport entspannen.

Allgemeine Tips

— Die Entschlackung des Körpers
wird durch viel Trinken unterstützt.
Ideal sind leichter Kräutertee, stilles Mineralwasser, verdünnte
Frucht- und Gemüsesäfte. Viel
trinken beugt zudem Hunger-
gefühlen vor.

— Leber- und/oder Nierentee unter-
stützen die Entschlackung ebenfalls. Auch die Haut profitiert von
der inneren Reinigung, und der
ganze Stoffwechsel wird an-
geregt.

— Nehmen Sie sich viel Zeit, Ihren
Körper zu pflegen. Dazu gehören
die Haut, die Haare, die Füsse, die
Hände und das Gesicht. Ein Bad

entschlackt den Körper über die
Haut noch zusätzlich.

— Gönnen Sie sich viel Ruhe und
entspannen Sie sich. Schlafen Sie
ausgiebig, das unterstützt die
Reinigungsarbeit des Organismus
und gibt neue Kraft.

28

Das schlanke Wochenende auf einen Blick

Freitagabend

— Wählen Sie eine leichte Mahlzeit, oder beginnen Sie bereits mit einem verdünnten Gemüsesaft Ihr schlankes Wochenende.

— Verzichten Sie auf alkoholische Getränke.

— Entspannen Sie sich bei einem wohltuenden warmen Bad, und gehen Sie früh zu Bett.

Samstag

— Schlafen Sie aus und genießen Sie Ihren ersten schlanken Tag.

— Beginnen Sie mit Ihrer Intensivkur (Seite 30).

— Machen Sie einen ausgedehnten Spaziergang oder eine leichte Radtour.

— Gehen Sie früh zu Bett.

Sonntag

— Schlafen Sie aus und genießen Sie Ihren zweiten schlanken Tag.

— Setzen Sie Ihre Intensivkur fort.

— Machen Sie einen ausgedehnten Spaziergang. Kulturell Interessierte besuchen vielleicht eine Ausstellung.

— Genießen Sie den Sonntag.

Montag

— Wenn Sie auf die Waage stehen, werden Sie feststellen, dass die Intensivkur Wirkung zeigt.

— Sie werden entspannt und voller Tatendrang die neue Woche in Angriff nehmen.

Die Intensivkur

Kartoffelkur	Reis-Gemüse-Kur	Möhren-/Karottenkur	Apfelkur
Morgen	**Morgen**	**Morgen**	**Morgen**
300 ml/3 dl stilles Mineralwasser 150–200 g gekochte Schalenkartoffeln 1 TL kaltgepresstes Olivenöl gehackte Kräuter	300 ml/3 dl stilles Mineralwasser 200 g gekochter Naturreis 150 g im Dampf gegartes Gemüse 1 TL kaltgepresstes Olivenöl frische Kräuter	300 ml/3 dl stilles Mineralwasser 200 g Möhren/Karotten in 200 ml/2 dl Wasser weich kochen, pürieren. Würzen mit Kräutern.	300 ml/3 dl stilles Mineralwasser 250–300 g Äpfel samt Schale fein reiben. Mit einigen Tropfen Zitronensaft aromatisieren.
Mittag	**Mittag**	**Mittag**	**Mittag**
300 ml/3 dl stilles Mineralwasser oder grüner Tee 150–200 g gekochte Schalenkartoffeln 1 TL kaltgepresstes Olivenöl evtl. wenig Rohkost oder gedämpftes Gemüse	300 ml/3 dl stilles Mineralwasser oder grüner Tee 200 g gekochter Naturreis 150 g im Dampf gegartes Gemüse gehackte Kräuter	300 ml/3 dl stilles Mineralwasser oder grüner Tee 200 g Möhren/Karotten in 200 ml/2 dl Wasser weich kochen, pürieren. Würzen mit Kräutern. Oder 200 g Möhren/-Karotten fein reiben. Würzen mit Kräutern.	300 ml/3 dl stilles Mineralwasser oder Kräutertee 250–300 g Äpfel samt Schale fein reiben. Mit einigen Tropfen Zitronensaft aromatisieren.
Abend	**Abend**	**Abend**	**Abend**
300 ml/3 dl stilles Mineralwasser 150–200 g gekochte Schalenkartoffeln	300 ml/3 dl stilles Mineralwasser 200 g gekochter Naturreis 150 g im Dampf gegartes Gemüse gehackte Kräuter	300 ml/3 dl stilles Mineralwasser 200 g Möhren/Karotten in 200 ml/2 dl Wasser weich kochen, pürieren. Würzen mit Kräutern.	300 ml/3 dl stilles Mineralwasser 250–300 g Äpfel samt Schale fein reiben. Mit einigen Tropfen Zitronensaft aromatisieren.

Zur Erinnerung

— Frisches, rohes Gemüse und Früchte dürfen in der täglichen Ernährung nie fehlen. Sie enthalten lebenswichtige Stoffe.

— Dämpfen, dünsten, pfannenrühren und quellen sind ideale Garmethoden für gesunde Lebensmittel.

— Stilles Mineralwasser unterstützt die Entschlackung des Organismus.

— Fleisch, Fisch, Eier und Käse sind stets Beilagen, nicht Hauptgericht. Der Eiweißbedarf kann mit pflanzlichem Eiweiß wie Tofu, Seitan und Hülsenfrüchten gedeckt werden.

— Fertiggerichte, Halbkonserven und Konserven sollten gemieden werden.

— Isolierte Zuckerarten (Kristallzucker, brauner Zucker usw.) und Auszugsmehle (Weißmehl, Semmelmehl, Schwarzbrotmehl/ Ruchmehl usw.) und daraus hergestellte Produkte sollten gemieden werden.

Was tun, wenn zum Kochen (fast) keine Zeit bleibt?

Schnelle Menüs und belegte Brote

— Brot mit Butteraufstrich, belegt mit feinen Gurken- oder Fenchel-oder Möhrenscheiben.

— Pumpernickel mit Butteraufstrich, belegt mit Gurkenscheiben, Kresse oder Blattsalat.

— Roggenbrötchen mit Doppelsahne-Käse-Aufstrich, belegt mit Tomatenscheiben, Blattsalat oder Basilikum.

— Knäckebrot mit Doppelsahne-Käse-Aufstrich, mit viel Schnittlauch bestreut und gut gewürzt.

— Vollkornbrötchen mit Möhren-/ Karottenstreifen, gut gewürzt.

— Vollkornbretzel, Gemüsestäbchen mit Dip aus saurer Sahne/ Sauerrahm und reichlich gehackten Kräutern.

— Vollkornbrötchen, Gemüsestäbchen mit Dip aus Doppelsahne-Käse und Avocado.

— Gemüse-Drink mit 2 Scheiben Brot

Schlanke Woche-Tagesplan

Frühling/Sommer

Frühstück
300 ml/3 dl stilles Mineralwasser
Apfelschaum (Seite 120)
518 kcal
1 Tasse Kräutertee oder grüner
Tee oder Kaffee

am Vormittag
1 Tasse Kräutertee oder
300 ml/3 dl stilles Mineralwasser

Mittagessen
Schlemmersalat (Seite 113)
546 kcal
Weizen-Kohlrabi-Eintopf
(Seite 47)
462 kcal
300 ml/3 dl stilles Mineralwasser

am Nachmittag
1 Tasse Kräutertee oder
300 ml/3 dl stilles Mineralwasser

Abendessen
Kartoffelgratin mit Majoran
(Seite 42)
702 kcal
300 ml/3 dl stilles Mineralwasser

| für 2 Personen | 2228 kcal |
| für 1 Person | 1114 kcal |

Schlanke Woche-Tagesplan

Frühling/Sommer

Frühstück
300 ml/ 3 dl stilles Mineralwasser
Kressedrink (Seite 102)
259 kcal

am Vormittag
1 Tasse Kräutertee oder
300 ml/3 dl stilles Mineralwasser

Mittagessen
Kohlrabi-Frischkost an
Kräutersahne (Seite 52)
437 kcal
Spargel mit gebratenem Tofu
(Seite 84)
910 kcal

am Nachmittag
1 Tasse Kräutertee oder
300 ml/3 dl stilles Mineralwasser

Abendessen
Amaranth mit Frühlingsspinat
(Seite 39)
839 kcal
300 ml/3 dl stilles Mineralwasser

| für 2 Personen | 2445 kcal |
| für 1 Person | 1223 kcal |

Schlanke Woche-Tagesplan

Frühling/Sommer

Frühstück
300 ml/3 dl stilles Mineralwasser
Radieschenbrot (Seite 54)
581 kcal
1 Tasse Kräutertee oder grüner
Tee oder Kaffee

am Vormittag
1 Tasse Kräutertee oder
300 ml/3 dl stilles Mineralwasser

Mittagessen
Griechischer Salat (Seite 60)
842 kcal
2 Scheiben Knäckebrot
76 kcal
300 ml/3 dl stilles Mineralwasser

am Nachmittag
1 Tasse Kräutertee oder
300 ml/3 dl stilles Mineralwasser

Abendessen
Indonesische Kartoffel-
Auberginen-Pfanne (Seite 42)
762 kcal
300 ml/3 dl stilles Mineralwasser

für 2 Personen	2261 kcal
für 1 Person	1130 kcal

Schlanke Woche-Tagesplan

Frühling/Sommer

Frühstück
300 ml/3 dl stilles Mineralwasser
Melonencocktail (Seite 118)
457 kcal
1 Tasse Kräutetee oder grüner
Tee oder Kaffee

am Vormittag
1 Tasse Kräutertee oder
300 ml/3 dl stilles Mineralwasser

Mittagessen
Bunte Salatschüssel (300 g
gemischter Blattsalat, $1/2$ Rezeptmenge Salatssauce, (Seite 44)
402 kcal
Fischspieß mit Gemüse (Seite 91)
745 kcal
300 ml/3 dl stilles Mineralwasser

am Nachmittag
1 Tasse Kräutertee oder
300 ml/3 dl stilles Mineralwasser

Abendessen
Linsentoast (Seite 59)
1078 kcal
300 ml/3 dl stilles Mineralwasser

für 2 Personen	2280 kcal
für 1 Person	1140 kcal

33

Schlanke Woche-Tagesplan	Schlanke Woche-Tagesplan
Frühling/Sommer	**Herbst/Winter**

Frühstück	Frühstück
300 ml/3 dl stilles Mineralwasser	300 ml/3 dl stilles Mineralwasser
Energiedrink (Seite 78)	Apfelschaum (Seite 120)
371 kcal	518 kcal
	1 Tasse Kräutertee oder grüner Tee oder Kaffee

am Vormittag	am Vormittag
1 Tasse Kräutertee oder	1 Tasse Kräutertee oder
300 ml/3 dl stilles Mineralwasser	300 ml/3 dl stilles Mineralwasser

Mittagessen	Mittagessen
Hirsebratlinge mit Paprikasalat (Seite 57)	Pikanter Tomaten-Basilikum-Drink (Seite 117)
1355 kcal	153 kcal
300 ml/3 dl stilles Mineralwasser	Fleischstreifen mit Paprika und Pilzen (Seite 93)
	772 kcal
	300 ml/3 dl stilles Mineralwasser

am Nachmittag	am Nachmittag
1 Tasse Kräutertee oder	1 Tasse Kräutertee oder
300 ml/3 dl Mineralwasser	300 ml/3 dl stilles Mineralwasser

Abendessen	Abendessen
Bunte Gemüsesuppe mit Majoran (Seite 39)	Chinesische Bulgur-Gemüse-Pfanne (Seite 49)
612 kcal	588 kcal
300 ml/3 dl stilles Mineralwasser	300 ml/3 dl stilles Minealwasser

für 2 Personen	2338 kcal	für 2 Personen	2127 kcal
für 1 Person	1169 kcal	für 1 Person	1064 kcal

Schlanke Woche-Tagesplan	Schlanke Woche-Tagesplan
Herbst/Winter	**Herbst/Winter**

Frühstück
300 ml/3 dl stilles Mineralwasser
Porridge mit Ahornsirup (Seite 38)
710 kcal
1 Tasse Kräutertee oder grüner
Tee oder Kaffee

Frühstück
300 ml/3 dl stilles Mineralwasser
Apfel-Quitten-Drink (Seite 78)
524 kcal

am Vormittag
1 Tasse Kräutertee oder
300 ml/3 dl stilles Mineralwasser

am Vormittag
1 Tasse Kräutertee oder
300 ml/3 dl stilles Mineralwasser

Mittagessen
Brüsseler Endivie an Currysauce
(Seite 110)
185 kcal
Dinkelspätzle mit Möhren
(Seite 51)
872 kcal
300 ml/3 dl stilles Mineralwasser

Mittagessen
Farbige Rohkost (Seite 105)
273 kcal
Rote-Bete-Eintopf (Seite 47)
800 kcal
300 ml/3 dl stilles Mineralwasser

am Nachmittag
1 Tasse Kräutertee oder
300 ml/3 dl stilles Mineralwasser

am Nachmittag
1 Tasse Kräutertee oder
300 ml/3 dl stilles Mineralwasser

Abendessen
Kartoffelsuppe mit Meerrettich
(Seite 63)
608 kcal
300 ml/3 dl stilles Mineralwasser

Abendessen
Pikante Haferkugeln (Seite 66)
981 kcal
Gemüseragout (Seite 49, ohne
Bulgur)
240 kcal
300 ml/3 dl stilles Mineralwasser

für 2 Pesonen	2375 kcal	für 2 Personen	2545 kcal
für 1 Person	1188 kcal	für 1 Person	1272 kcal

Schlanke Woche-Tagesplan

Herbst/Winter

Frühstück
300 ml/3 dl stilles Mineralwasser
Orangendrink (Seite 117)
580 kcal

am Vormittag
1 Tasse Kräutertee oder
300 ml/3 dl stiles Mineralwasser

Mittagessen
Lauchsalat mit Roquefort
(Seite 95)
710 kcal
300 ml/3 dl stilles Mineralwasser

am Nachmittag
1 Tasse Kräutertee oder
300 ml/3 dl stilles Mineralwasser

Abendessen
Kartoffel-Möhren-Pfanne mit
Meerettichschaum (Seite 71)
773 kcal
300 ml/3 dl stilles Mineralwasser

für 2 Personen	2063 kcal
für 1 Person	1032 kcal

Schlanke Woche-Tagesplan

Herbst/Winter

Frühstück
300 ml/3 dl stilles Mineralwasser
Möhren-Flocken-Müsli mit
Weizensprossen (Seite 38)
875 kcal
1 Tasse Kräutertee oder grüner
Tee oder Kaffee

am Vormittag
1 Tasse Kräutertee oder
300 ml/3 dl stilles Mineralwasser

Mittagessen
1 Portion Feldsalat/Nüsslisalat
oder anderer Blattsalat (Endivie,
Brüsseler Endivie usw.)
mit $1/2$ Rezeptmenge Salatsauce,
(Seite 44)
315 kcal
Blinis mit Pilzfüllung (Seite 56)
825 kcal
300 ml/3 dl stilles Mineralwasser

am Nachmittag
1 Tasse Kräutertee oder
300 ml/3 dl stilles Mineralwasser

Abendessen
Brokkolisuppe mit
Mandelblättchen (Seite 110)
706 kcal
300 ml/3 dl stilles Mineralwasser

für 2 Personen	2721 kcal
für 1 Person	1361 kcal

REZEPTE
MIT KOHLENHYDRATEN

PORRIDGE
MIT AHORNSIRUP

*100 g feine Haferflocken oder
Haferschrot
300 ml/3 dl Wasser
1 Msp Meersalz
50 g/0,5 dl Sahne
50–100 ml/0,5–1 dl Wasser
4 EL Ahornsirup
2 Msp Zimtpulver*

1. Haferflocken, Wasser (300 ml) und Salz aufkochen, auf kleinem Feuer 10 Minuten köcheln lassen. Öfters rühren. Die Sahne und das restliche Wasser dazugeben, aufkochen und abermals etwas einköcheln lassen.
2. Porridge anrichten, den Ahornsirup darübergießen. Mit dem Zimtpulver bestäuben.

MÖHREN-FLOCKEN-MÜSLI
MIT WEIZENSPROSSEN

*100 ml/1 dl Wasser
120 g Flockenmischung (Hirse,
Hafer, Dinkel usw.)
2–3 EL Haselnuss- oder Mandelmus
5–8 EL Wasser
2 EL Zitronensaft
1 TL Akazienhonig*

2 mittelgroße Möhren/Karotten

4 EL Weizensprossen

1. Das Wasser über die Flocken gießen, 10 Minuten stehen lassen.
2. Nussmus, Wasser, Zitronensaft und Honig verrühren. Die Möhren mit der Bircher-Rohkostreibe dazureiben, zusammen mit den Flocken darunterrühren. Die Weizensprossen über das Müsli streuen.

AMARANTH MIT FRÜHLINGSSPINAT

150 g Amaranth
250 ml/2,5 dl Gemüsebrühe
Meersalz
1 Prise Cayennepfeffer
10 g Butter
1 Bund Schnittlauch,
fein geschnitten
400 g kleinblättriger Spinat
1 EL Butter
1 kleine Zwiebel, fein gehackt
1–2 EL Sahne/Rahm
1 EL Orangensaft
1 Prise geriebene Muskatnuss
Kräutermeersalz
Pfeffer aus der Mühle

1. Die Gemüsebrühe und den Amaranth aufkochen, auf kleinem Feuer 20 Minuten köcheln lassen. Der Amaranth darf nicht zu weich werden.
2. Den Spinat im Dampf zusammenfallen lassen, in ein Sieb abgießen und leicht ausdrücken.
3. Die Zwiebeln in der Butter anschwitzen, den Spinat dazugeben und 2 bis 3 Minuten dünsten. Die Sahne und den Orangensaft dazugeben. Würzen.
4. Den Amaranth aufkochen, würzen. Die Butter und den Schnittlauch darunterrühren.

BUNTE GEMÜSESUPPE MIT MAJORAN

1 TL Butter
200 g Lauch
200 g Möhren/Karotten,
in Stäbchen
500 g Kartoffeln, klein gewürfelt
1 l Gemüsebrühe
geriebene Muskatnuss
Paprikapulver
Pfeffer aus der Mühle
1 TL getrockneter Majoran

1. Den Lauch putzen, halbieren und in etwa 5 cm lange Stücke schneiden.
2. Den Lauch und die Möhren in der Butter anschwitzen, die Kartoffeln dazugeben. Mit der Gemüsebrühe ablöschen, aufkochen und 12 bis 15 Minuten auf kleinem Feuer kochen lassen, bis die Kartoffeln weich sind. Würzen.

Tipp: Wer es pikant mag, serviert den Eintopf mit etwas frisch geriebenem Meerrettich.

AVOCADOBROT

1 große Vollkorn-Baguette

1 gut reife Avocado
1 TL Zitronensaft
1 EL kaltgepresstes Olivenöl
extra vergine
Meersalz
Pfeffer aus der Mühle
1 kleine Zwiebel, fein gehackt
¹/₄ Zucchini, gehackt
wenig Chilischote, in feinen Ringen
4 schwarze Oliven, entsteint,
in Ringen

Zitronenspalten, für die Garnitur

1. Die Avocado halbieren, den Stein entfernen, das Fruchtfleisch auslöffeln und mit einer Gabel zerdrücken. Den Zitronensaft und das Olivenöl mit dem Schneebesen darunterrühren. Würzen. Die restlichen Zutaten mit der Mousse vermengen.
2. Die Baguette einmal quer und einmal längs halbieren, mit der Avocadocreme bestreichen.

Abbildung Seite 98

LINSENSCHAUMCREME MIT ALFALFASPROSSEN

1 EL Butter oder Olivenöl
1 kleine Zwiebel, fein gehackt
1 Möhre/Karotte, klein gewürfelt
150 g rote Linsen
getrockneter Thymian
Ingwerpulver
1 Msp Kurkuma/Gelbwurz
1 Msp Curry
geriebene Muskatnuss
800 ml/8 dl Gemüsebrühe
50 g/0,5 dl Sahne/Rahm
Kräutermeersalz
Alfalfa- oder Zwiebelsprossen

1. Die Zwiebeln in der Butter anschwitzen, die Möhren und die Linsen dazugeben und mitanschwitzen. Würzen. Mit der Gemüsebrühe ablöschen, aufkochen und auf kleinem Feuer zugedeckt 15 bis 20 Minuten köcheln lassen.
2. Der Suppe 2 Esslöffel Linsen für die Garnitur entnehmen. Die Suppe pürieren, abermals aufkochen und mit der Sahne verfeinern. Abschmecken.
3. Die Suppe anrichten, die Linsen und die Sprossen dazugeben.

Abbildung:
Linsenschaumcreme mit
Alfalfasprossen

INDONESISCHE KARTOFFEL-AUBERGINEN-PFANNE

300 g Auberginen
300 g Kartoffeln
*2 EL kaltgepresstes Oliven-
oder Sesamöl*
1 kleine Zwiebel, fein gehackt
1 TL Curry
*$^1/_2$ TL Kurkuma/Gelbwurz
(für die Farbe), nach Belieben*
$^1/_2$ TL Ingwerpulver
200 ml/2 dl Gemüsebrühe
Kräutermeersalz
Pfeffer aus der Mühle
2 EL Crème fraîche
einige gehackte Cashewnüsse
1 Sträußchen Petersilie, fein gehackt

1. Die Auberginen beidseitig kappen, in feine Scheiben schneiden. Die Kartoffeln schälen und würfeln.
2. Die Zwiebeln im Olivenöl anschwitzen. Die Auberginen dazugeben und mitanschwitzen. Die Kartoffeln dazugeben. Würzen. Mit der Gemüsebrühe ablöschen, aufkochen und auf kleinem Feuer zugedeckt köcheln lassen, bis die Kartoffeln gar sind. Abschmecken. Mit der Crème fraîche verfeinern. Die Cashewnüsse und die Petersilie darüberstreuen.

KARTOFFELGRATIN MIT MAJORAN

*400–500 g Kartoffeln
(keine Frühkartoffeln)*
*3–4 kleine Frühlingszwiebeln oder
1 mittlere Zwiebel, in Scheiben*
*Grün der Zwiebeln
(bei Frühlingszwiebeln),
fein geschnitten*
100 ml/1 dl Gemüsebrühe
100 g/1 dl Sahne/Rahm
Meersalz
Pfeffer aus der Mühle
1 Sträußchen Majoran, fein gehackt

1. Ofen auf 200 Grad vorheizen.
2. Die Kartoffeln schälen und in feine Scheiben schneiden, mit den Zwiebeln und dem Zwiebelgrün in eine gebutterte Gratinform verteilen.
3. Die Gemüsebrühe und die Sahne gut verrühren, kräftig würzen, den Majoran dazugeben. Zu den Kartoffeln gießen.
4. Den Kartoffelgratin auf mittlerem Einschub rund 40 Minuten backen.

*Abbildung:
Indonesische Kartoffel-
Auberginen-Pfanne*

BULGUR-BROKKOLI-SALAT

100 g Bulgur oder Couscous
200 ml/2 dl Gemüsebrühe
150 g Brokkoli, in Röschen
150 g sonnengereifte Tomaten
1 reife Avocado
Oliven, nach Belieben

Sauce

Saft einer Zitrone
1 Msp abgeriebene Zitronenschale
wenig Balsamessig, nach Belieben
Meersalz
Pfeffer aus der Mühle
4 EL kaltgepresstes Olivenöl
extra vergine
durchgepresster Knoblauch,
nach Belieben
1 EL gehackte glattblättrige
Petersilie

1. Den Bulgur und die Gemüsebrühe aufkochen, auf der ausgeschalteten Wärmequelle zugedeckt rund 15 Minuten quellen und abkühlen lassen.
2. Die Brokkoliröschen im Dampf 4 bis 5 Minuten knackig garen. Mit kaltem Wasser abschrecken.
3. Bei den Tomaten den Stielansatz herausschneiden, die Früchte würfeln.
4. Die Avocado schälen, halbieren und entsteinen. Das Fruchtfeisch würfeln, sofort mit Zitronensaft beträufeln (verhindert das Verfärben), mischen.
5. Sämtliche Zutaten mit der Sauce mischen. Abschmecken.

Zum Mitnehmen: Den Salat erst unmittelbar vor dem Essen mit der Sauce mischen, damit sich der Brokkoli nicht grau verfärbt.

Variante: Statt Bulgur können auch gekochte Vollkornnudeln verwendet werden.

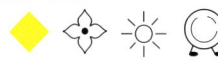

KOHLRABI-SPINAT-GEMÜSE MIT QUINOA

1 EL Butter

1 kleine Zwiebel, fein gehackt

300 g Kohlrabi, in Stäbchen

wenig Gemüsebrühe

300 g kleinblättriger, erntefrischer Spinat

1 EL Mandelmus

Pfeffer aus der Mühle

Meersalz

Getreide

125 g Quinoa

250 ml/2,5 dl schwache Gemüsebrühe

1 Lorbeerblatt

1 kleine Chilischote/Pfefferschote, in Streifen

$1/2$ Gemüsepaprika/Peperoni, gewürfelt

wenig abgeriebene Schale einer Zitrone

Meersalz

Pfeffer aus der Mühle

2 EL Mandelblättchen, trocken geröstet

1 EL fein gehacktes Koriandergrün oder fein gehackte Petersilie

1 EL Mandelblättchen

1. Quinoa, Gemüsebrühe, Lorbeerblatt und Chili aufkochen, auf kleinem Feuer zugedeckt etwa 10 Minuten köcheln lassen. Würzen. Auf der ausgeschalteten Wärmequelle zugedeckt 20 Minuten quellen lassen. Das Lorbeerblatt entfernen. Die gerösteten Mandelblättchen darunterrühren.

2. Für das Gemüse die Zwiebeln in der Butter anschwitzen, die Kohlrabi dazugeben und mitanschwitzen. Mit der Gemüsebrühe ablöschen, aufkochen und auf kleinem Feuer knackig kochen, rund 10 Minuten. Den Spinat 5 Minuten mitkochen. Das Mandelmus mit wenig Brühe glattrühren und unter das Gemüse rühren. Würzen.

3. Den Quinoa auf Tellern in die Mitte häufen, das Gemüse rundum anrichten. Mit den Kräutern und den restlichen Mandelblättchen garnieren.

ROTE-BETE-EINTOPF

1 EL kaltgepresstes Olivenöl
1 Zwiebel, fein gehackt
*200 g rohe rote Beten/
Randen, klein gewürfelt*
100 g Möhren/Karotten, in Scheiben
400 g Kartoffeln, gewürfelt
1 Lorbeerblatt
1 Prise Zucker
Meersalz
Pfeffer aus der Mühle
900 ml/9 dl Gemüsebrühe
1 EL Balsamessig

100 g saure Sahne/Sauerrahm

1. Zwiebeln, rote Beten und Möhren im Olivenöl anschwitzen. Die Kartoffeln und das Lorbeerblatt dazugeben. Würzen. Mit der Gemüsebrühe ablöschen, aufkochen und auf kleinem Feuer rund 30 Minuten köcheln lassen. Mit dem Balsamessig abschmecken. Nach Belieben nachwürzen.
2. Den Eintopf in Suppentellern anrichten. Mit der sauren Sahne garnieren.

Abbildung:
Rote-Bete-Eintopf

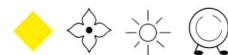

WEIZEN-KOHLRABI-EINTOPF

10 g Butter
*1 Frühlingszwiebel, in feinen
Scheiben*
80 g Weizenschrot
400 g Kohlrabi, gewürfelt
300 ml/3 dl Gemüsebrühe
2 EL Sahne/Rahm
1 EL saure Sahne/Sauerrahm
1 EL Weißwein
1 TL gehackter Liebstöckel
*2–3 EL fein geschnittener
Schnittlauch*
Meersalz
Pfeffer aus der Mühle

1. Frühlingszwiebeln, Weizenschrot und Kohlrabi in der Butter anschwitzen. Mit der Gemüsebrühe ablöschen, aufkochen und auf kleinem Feuer zugedeckt 10 bis 15 Minuten köcheln lassen. Die Sahne, die saure Sahne, den Weißwein und die Kräuter darunterrühren. Würzen.

CHINESISCHE BULGUR-GEMÜSE-PFANNE

1 TL Sesam- oder Maiskeimöl
100 g Bulgur
250 ml/2,5 dl Gemüsebrühe

Gemüseragout

1 mittelgroßer Lauch
2 Möhren/Karotten, ca. 150 g
1 Stück Weißkohl/-kabis
1 TL Sesam- oder Maiskeimöl
1 Knoblauchzehe
Cayennepfeffer
1 Prise Curry
1 Msp Kurkuma/Gelbwurz
(für die Farbe),
nach Belieben
1–2 EL Sojasauce

1. Den Bulgur im Sesamöl kurz rösten, mit der Gemüsebrühe ablöschen, aufkochen und 5 Minuten auf kleinem Feuer kochen lassen. Auf der ausgeschalteten Wärmequelle zugedeckt 15 Minuten quellen lassen.

2. Den Lauch putzen, halbieren und schräg in Scheiben schneiden. Die Möhren in dünne Stäbchen, den Kohl quer in feine Streifen schneiden.

3. Sämtliches Gemüse und den durchgepressten Knoblauch im heißen Sesamöl unter ständigem Rühren knackig dünsten. Eventuell wenig Gemüsebrühe dazugeben. Würzen. Den Bulgur daruntermischen. Nochmals erwärmen.

Variante: Aus dem Bulgur mit dem Eisportionierer Kugeln formen, zusammen mit dem Gemüse auf Tellern anrichten. Der Bulgur kann durch Hirse oder Couscous ersetzt werden. Gleiche Zubereitung.

GEFÜLLTE AUBERGINEN MIT ZITRONENSAUCE

*2 kleine Auberginen oder
1 große Aubergine, ca. 450 g
Zitronensaft
Kräutermeersalz
100 g Champignons oder
andere Pilze
1 mittelgroßer Lauch
1 Tomate
1 kleine Zwiebel, fein gehackt
2 EL kaltgepresstes Olivenöl
100 ml/1 dl Gemüsebrühe
50 g/0,5 dl Sahne/Rahm
3 EL feine Haferflocken oder
frischer Haferschrot
1 Sträußchen Petersilie, fein gehackt
Kräutermeersalz
Oregano
Pfeffer aus der Mühle*

*Butter für die Form
Gemüsebrühe*

Zitronensauce

*Saft einer halben Zitrone
150 ml/1,5 dl schwache
Gemüsebrühe
100 g/1 dl Sahne/Rahm
1 TL Pfeilwurzelmehl oder
Maisstärke
1 Msp abgeriebene Zitronenschale
Meersalz*

1. Bei den Auberginen den Stielansatz entfernen, längs halbieren. Mit dem Grapefruitmesser oder einem Esslöffel aushöhlen. Die Schale innen mit Kräutersalz und Zitronensaft würzen.
2. Die Pilze in Scheiben schneiden, den Lauch putzen, halbieren und quer in Streifen schneiden. Das Auberginenfleisch grob hacken. Bei der Tomate den Stielansatz entfernen, würfeln.
3. Ofen auf 180 Grad vorheizen.
4. Die Zwiebeln und den Lauch im Olivenöl anschwitzen. Das Auberginenfleisch und die Pilze dazugeben und mitanschwitzen. Zuletzt die Tomaten dazugeben. Mit der Gemüsebrühe und der Sahne ablöschen, aufkochen und zugedeckt auf kleinem Feuer rund 5 Minuten köcheln lassen. Mit den Haferflocken binden. Abschmecken. Die Petersilie darunterrühren.
5. Die Gemüsemasse in die Auberginenschalen füllen, in eine gebutterte Gratinform setzen. So viel Gemüsebrühe aufgießen, dass die Auberginen zur Hälfte in der Flüssigkeit stehen. Auf mittlerem Einschub 40 bis 45 Minuten backen.
6. Für die Sauce den Zitronensaft und die Gemüsebrühe aufkochen. Das Pfeilwurzelmehl mit der Sahne glattrühren, unter die Gemüsebrühe rühren. Aufkochen und auf kleinem Feuer köcheln lassen, bis die Sauce bindet. Würzen. Abschmecken mit dem Zitronengelb. Wenn man den Zitronensaft durch 1 bis 2 durchgepresste Knoblauchzehen ersetzt, erhält man eine Knoblauchsauce.

DINKELSPÄTZLE MIT MÖHREN

120 g feines Dinkel-Vollkornmehl

30 g feines Buchweizenmehl

1/2 TL Meersalz

200 ml/2 dl Wasser

Butter

Möhren

1 EL Maiskeimöl

1 kleine Zwiebel, fein gehackt

400 g Möhren/Karotten, in Scheiben

100 ml/1 dl Gemüsebrühe

Meersalz

Pfeffer aus der Mühle

1–2 TL fein gehackter Thymian

1–2 EL saure Sahne/Sauerrahm

1. Für die Spätzle die beiden Mehle und das Salz mischen, das Wasser und das Öl dazugeben, zu einem glatten Teig rühren. 15 Minuten ruhen lassen.

2. Für das Gemüse die Zwiebeln im Öl anschwitzen, die Möhren dazugeben und mitanschwitzen. Mit der Gemüsebrühe ablöschen, aufkochen und die Möhren auf kleinem Feuer zugedeckt knackig kochen. Würzen. Den Thymian und die saure Sahne darunterrühren.

3. Für die Spätzle reichlich Salzwasser aufkochen. Den Spätzleteig portionsweise durch das Spätzlesieb streichen. Sobald die Spätzle an die Oberfläche steigen, mit einem Schaumlöffel herausnehmen und mit wenig Butter mischen. Warm stellen.

4. Gemüse und Spätzle anrichten.

Tipp: Die Spätzle können auch tiefgefroren werden. Dazu die Spätzle unter kaltem Wasser abschrecken und ganz abkühlen lassen. Portionsweise tiefgefrieren. Gefroren ins kochende Wasser geben.

NUDELN MIT FRÜHLINGSGEMÜSE

150 g Vollkorn-Bandnudeln

1 EL Butter
1 kleine Zwiebel, fein gehackt
150 g grüne Spargelspitzen
1 Spross Stauden-/Stangensellerie, klein gewürfelt
1 Möhre/Karotte, klein gewürfelt
100 g kleinblättriger, erntefrischer Spinat
100 g Morcheln
100 ml/1 dl Gemüsebrühe
100 g/1 dl Sahne/Rahm
Pfeffer aus der Mühle
Kräutermeersalz

1. Die Morcheln aufschlitzen und unter fließendem Wasser reinigen.
2. Das Gemüse in der Butter anschwitzen, die Morcheln dazugeben und mitanschwitzen. Mit der Gemüsebrühe ablöschen, aufkochen und zugedeckt 8 bis 10 Minuten köcheln lassen.
3. Die Nudeln in reichlich Salzwasser al dente kochen. In ein Sieb abgießen.
4. Die Sahne und die Nudeln unter das Gemüse mischen, erhitzen. Würzen.

KOHLRABI-FRISCHKOST AN KRÄUTERSAHNE

1 Kohlrabi, ca. 200 g, in feinen Stäbchen
1 kleiner Rettich, ca. 150 g, fein gehobelt
1 Bund Radieschen, in Scheiben
Kräutermeersalz
100 g/1 dl Sahne/Rahm
1 TL Senf
Kräutermeersalz
Pfeffer aus der Mühle
wenig Liebstöckel, gehackt
1 Bund Schnittlauch, fein geschnitten
1 EL fein gehackter Kerbel

Kerbel für die Garnitur

4 Scheiben Vollkornbrot

1. Kohlrabi, Rettich und Radieschen mischen, mit Kräutersalz würzen.
2. Die Sahne steif schlagen, mit dem Senf, dem Kräutersalz und dem Pfeffer würzen. Die Kräuter darunterrühren.
3. Das Gemüse mit der Sahne mischen. Mit Kerbel garnieren.

Tipp: Zu Hause mit Schalenkartoffeln servieren.

Abbildung: Nudeln mit Frühlingsgemüse

KRESSE-PORTULAK-BROT

4 Scheiben Vollkornbrot

*40 g Sahne-Frischkäse/
Doppelrahmkäse
(mind. 65% Fett i.Tr.)*
*1 TL kaltgepresstes
Sonnenblumenöl*
Kräutermeersalz
1 Handvoll Kresse
1 Handvoll Portulak

1. Den Sahne-Frischkäse, das
Kräutersalz und das Sonnenblumenöl glattrühren. Die Brotscheiben damit bestreichen. Die
Kresse und den Portulak mischen,
auf die Brotscheiben verteilen. Mit
Kräutersalz würzen.

   Tipp: Mit Rettich- oder
   Radieschenscheiben garnieren.

RADIESCHENBROT

4–6 dünne Vollkornbrot-Scheiben

2–3 EL Crème fraîche
Kräutermeersalz
Pfeffer aus der Mühle
1 EL fein gehackte Petersilie
1 EL fein geschnittener Schnittlauch
1 Handvoll Kresse

1 Bund Radieschen, in Scheiben
1 EL Sonnenblumenkerne

1. Die Crème fraîche würzen, die
Kräuter darunterrühren. Auf die
Brotscheiben streichen. Mit den
Radieschenscheiben belegen. Die
zweite Scheibe Brot drauflegen,
etwas andrücken.
2. Die Sonnenblumenkerne trocken
rösten und etwas auskühlen lassen.
Die Brote damit garnieren.

Abbildung:
Radieschenbrot (oben)
Kresse-Portulak-Brot (unten)

BLINIS MIT PILZFÜLLUNG

75 g Dinkel-Vollkornmehl
50 g Buchweizenmehl
1 Msp Meersalz
5 g Hefe
250 ml/2,5 dl lauwarmes Wasser
1 EL fein geschnittener Schnittlauch
1 EL Öl

Butterschmalz/Bratbutter,
zum Braten

Pilzsauce

10 g Butter
1 kleine Zwiebel, fein gehackt
150 g Morcheln
1 EL Cognac
100 ml/1 dl Gemüsebrühe
50 g/0,5 dl Sahne/Rahm
1 EL saure Sahne/Sauerrahm
Meersalz
Pfeffer aus der Mühle

1. Für den Bliniteig die beiden Mehle und das Salz mischen. Die Hefe im Wasser auflösen, mit dem Öl und dem Schnittlauch zum Mehl geben und zu einem glatten Teig rühren. 10 Minuten ruhen lassen.

2. Die Morcheln längs halbieren und unter fließendem kaltem Wasser gut waschen, mit einem Küchentuch trocknen. Die Pilze quer in Streifen schneiden.

3. Die Zwiebeln in der Butter anschwitzen. Die Morcheln dazugeben und mitanschwitzen. Mit dem Cognac und der Gemüsebrühe ablöschen, aufkochen und auf kleinem Feuer 5 bis 8 Minuten köcheln lassen. Die Sahne und die saure Sahne kurz vor dem Anrichten darunterziehen, aufkochen und abschmecken.

4. Aus dem Bliniteig in einer Bratpfanne im Butterschmalz Pfannkuchen braten. Mit der Pilzsauce füllen und einschlagen.

HIRSEBRATLINGE
MIT PAPRIKASALAT

Hirsebratlinge

100 g Goldhirse

1 EL kaltgepresstes Olivenöl oder Butterschmalz/Bratbutter

1 kleine Zwiebel, fein gehackt

1/2 roter Gemüsepaprika/Peperoni, gewürfelt

200 ml/2 dl Gemüsebrühe

Meersalz

Pfeffer aus der Mühle

1 TL Petersilie, fein gehackt

3 EL geschälte Sesamsamen

Butterschmalz/Bratbutter, zum Braten

Paprikasalat

400 g bunter Gemüse-paprika/Peperoni, in Streifen

schwarze Oliven nach Belieben

Sauce

2 EL Himbeer- oder Apfelessig

Saft einer Zitrone

Pfeffer aus der Mühle

Vollmeersalz

4 EL kaltgepresstes Olivenöl extra vergine

wenig Petersilie fein gehackt

1. Die Hirse in einem feinmaschigen Sieb mit heißem Wasser überbrausen.

2. Die Zwiebeln und die Paprika-würfelchen im Olivenöl anschwitzen. Die Hirse und die Gemüse-brühe dazugeben, aufkochen und auf kleinem Feuer zugedeckt 5 bis 7 Minuten köcheln lassen. Auf der ausgeschalteten Wärmequelle zugedeckt 25 Minuten quellen lassen. Die Hirse würzen, die Petersilie darunterrühren.

3. Aus der Hirsemasse von Hand Bratlinge formen. Die Masse muss gut geknetet werden, damit sie zusammenhält. Die Bratlinge in den Sesamsamen wenden und im Butterschmalz beidseitig kurz braten. Warm oder kalt servieren.

4. Für die Salatsauce die Zutaten sämig rühren. Die Paprikastreifen und die Oliven dazugeben, vermengen.

Variante: Den Paprikasalat mit den pikanten Haferkugeln (Seite 66) kombinieren.

TOMATEN IM NUSSMANTEL

6 feste Tomaten, ca. 600 g
Kräutermeersalz
Pfeffer aus der Mühle
reichlich frische Kräuter,
z. B. Basilikum, Thymian, Majoran,
fein gehackt
80 g Vollkornbrösel/Paniermehl
50 g geriebene Mandeln
Kräutermeersalz
Pfeffer aus der Mühle
Olivenöl zum Braten

1. Den Stielansatz bei den Tomaten kreisförmig herausschneiden. Die Früchte in dicke Scheiben schneiden. Mit Salz und Pfeffer würzen.
2. Die Tomatenscheiben zuerst in den Kräutern, dann in der Mischung aus Vollkornbröseln und Mandeln wenden. Im Olivenöl beidseitig kurz braten.

   Serviervorschlag: Mit Ofenkartoffeln oder Kräuterrisotto kombinieren.

Abbildung:
Tomaten im Nussmantel

LINSENTOAST

4 Scheiben Vollkornbrot

1 EL kaltgepresstes Olivenöl
1 kleine Zwiebel, fein gehackt
1 kleine Knoblauchzehe
$1/2$ roter Gemüsepaprika/Peperoni,
entkernt, gewürfelt
$1/2$ Zucchini, gewürfelt
1 TL Tomatenpüree
120 g rote Linsen
250 ml/2,5 dl Wasser
1 TL Gemüsebrühepulver
1 TL Paprikapulver
1 EL Zitronensaft
einige Tropfen Tabascosauce
Meersalz
1 TL getrocknetes Basilikum
1 Bund Schnittlauch,
fein geschnitten

1. Die Zwiebeln und den durchgepressten Knoblauch im Olivenöl anschwitzen. Die Gemüsepaprika und den Zucchini mitanschwitzen. Das Tomatenpüree und die Linsen dazugeben, mit dem Wasser ablöschen. Aufkochen und würzen, auf kleinem Feuer zugedeckt 10 Minuten köcheln lassen. Abschmecken.
2. Das Brot bei 220 Grad bräunen. Das Linsengericht auf die Toastscheiben verteilen. Mit dem Schnittlauch bestreuen.

GRIECHISCHER SALAT

150 g grüne Bohnen
100 g roter
Gemüsepaprika/Peperoni
200 g Kartoffeln
200 g Tomaten
10 schwarze Oliven, ca. 400 g
1 Zweig Basilikum

Sauce

4 EL Zitronensaft
1 Msp abgeriebene Zitronenschale
1 EL Sojasauce
Kräutermeersalz
5 EL kaltgepresstes Olivenöl
extra vergine
1 Knoblauchzehe

1. Die grünen Bohnen putzen und im Dampf etwa 10 Minuten knackig garen. Kalt abschrecken.
2. Die Kartoffeln in der Schale kochen, etwas abkühlen lassen, schälen und in Scheiben schneiden.
3. Den Gemüsepaprika halbieren, entkernen und in Streifen schneiden.
4. Bei den Tomaten den Stielansatz entfernen, in Spalten schneiden.
5. Für die Sauce sämtliche Zutaten sämig rühren. Den Knoblauch dazupressen.
6. Das Gemüse 10 bis 15 Minuten vor dem Essen mit der Sauce mischen. Mit den Oliven und dem Basilikum garnieren.

ZUCCHINI MIT KRÄUTERKRUSTE

2 EL kaltgepresstes Olivenöl
600 g Zucchini, in Scheiben
2 Knoblauchzehen
1 EL gehackte Petersilie
Kräutermeersalz
Pfeffer aus der Mühle

Kruste

3 EL kaltgepresstes Olivenöl
60 g Vollkornbrösel/-paniermehl
3 EL gehackte Kräuter
abgeriebene Schale einer
unbehandelten Zitrone
8 entsteinte schwarze Oliven,
gehackt
2 Tomaten, gewürfelt

1. Die Zucchinischeiben, den durchgepressten Knoblauch und die Petersilie im Olivenöl anschwitzen. Würzen. In eine gebutterte Gratinform füllen.
2. Ofen auf 200 Grad vorheizen.
3. Für die Kruste sämtliche Zutaten mischen, gleichmäßig über die Zucchini verteilen. Auf mittlerem Einschub 15 Minuten backen.

Tipp: Mit Ofenkartoffeln servieren.

Abbildung:
Griechischer Salat

BOHNEN-TOMATEN-GEMÜSE MIT ROSINEN-REIS

120 g Langkorn-Naturreis
250 ml/2,5 dl Wasser oder
leichte Gemüsebrühe
1 EL Rosinen
Meersalz
Pfeffer aus der Mühle
10 g Butter

2–4 Tomaten

1 EL Maiskeimöl
1 kleine Zwiebel, fein gehackt
1 kleine Knoblauchzehe
1 EL Tomatenmark
600 g grüne Bohnen
150 ml/1,5 dl Gemüsebrühe
Pfeffer aus der Mühle
1 Msp Paprikapulver
Kräutermeersalz
2 Zweigchen Basilikum
Basilikumblättchen

1. Den Reis und das Wasser oder die Gemüsebrühe mit den Rosinen aufkochen, 5 Minuten sprudelnd kochen, auf der ausgeschalteten Wärmequelle zugedeckt 30 Minuten oder länger quellen lassen. Den Reis würzen und die Butter darunterrühren, in gebutterte Portionenförmchen pressen, warm stellen.

2. Die Tomaten an der Spitze kreuzweise einschneiden. In einem Schaumlöffel in kochendes Wasser tauchen, bis sich die Haut zu lösen beginnt. Die Früchte schälen, den Stielansatz entfernen, in Spalten schneiden.

3. Die Zwiebeln und den durchgepressten Knoblauch im Maiskeimöl anschwitzen. Das Tomatenmark und die Bohnen dazugeben und mitanschwitzen, mit der Gemüsebrühe ablöschen, aufkochen und auf kleinem Feuer zugedeckt 20 bis 30 Minuten köcheln lassen, je nach Dicke der Bohnen. Die Tomaten 5 Minuten mitkochen, sie sollen heiß sein, aber nicht zerfallen. Würzen. Mit dem in feine Streifen geschnittenen Basilikum abschmecken.

4. Das Gemüse auf Tellern anrichten, die Reisköpfchen darauf stürzen. Mit Basilikum garnieren.

KARTOFFELSUPPE MIT MEERRETTICH

500 g Kartoffeln

1 kleiner Lauch

1 EL Butter

1 kleine Zwiebel, fein gehackt

700 ml/7 dl Gemüsebrühe

Meersalz

1 Prise geriebene Muskatnuss

1 Msp Majoranpulver

Pfeffer aus der Mühle

2 EL Sahne/Rahm

1 TL geriebener Meerrettich

1 Scheibe Vollkornbrot, klein gewürfelt

10 g Butter

1. Die Kartoffeln schälen und klein würfeln. Den Lauch putzen, längs halbieren. $1/4$ Lauch für die Garnitur beiseite legen, den Rest in 5 mm breite Streifen schneiden.

2. Die Zwiebeln und den Lauch in der Butter anschwitzen. Die Kartoffeln dazugeben, mit der Gemüsebrühe auffüllen, aufkochen und auf kleinem Feuer zugedeckt 20 bis 30 Minuten köcheln lassen, bis die Kartoffeln weich sind. Die Suppe pürieren und durch ein Sieb streichen.

3. Die Brotwürfelchen in der Butter bräunen.

4. Die Kartoffelsuppe aufkochen, würzen. Die Sahne und den Meerrettich darunterrühren. Den restlichen Lauch in feinste Streifchen schneiden, zusammen mit den Brotwürfelchen über die angerichtete Suppe streuen.

PILZKRAPFEN

für 6 bis 8 Stück

500 g Vollkornblätterteig

250 g gemischte Pilze, je nach Marktangebot, z. B. Steinpilze, Pfifferlinge/Eierschwämme, Shiitake, Champignons usw.

15 g Butter

1 kleine Zwiebel, fein gehackt

¹/₄ roter Gemüsepaprika/Peperoni, gewürfelt

1 EL fein gehackte Petersilie

1 EL fein geschnittener Schnittlauch

50 g gekochter Naturreis oder ein anderes gekochtes Getreide

Meersalz

Pfeffer aus der Mühle

1. Die Pilze putzen, in Scheiben schneiden oder grob hacken.
2. Die Zwiebeln in der Butter anschwitzen, die Pilze und den Gemüsepaprika dazugeben und mitanschwitzen, 5 bis 10 Minuten auf kleinem Feuer dünsten. Die Kräuter und den Reis darunterrühren, würzen. Die Füllung abkühlen lassen.
3. Ofen auf 220 Grad vorheizen.
4. Den Teig 2 mm dick ausrollen, Rondellen von 10 bis 12 cm Durchmesser ausstechen. Die Füllung auf die Rondellen verteilen. Die Teigränder mit Wasser bepinseln, zusammenklappen und gut andrücken.
5. Die Pilzkrapfen auf mittlerem Einschub 15 Minuten backen.

Tipp: Krapfen am Vorabend zubereiten und backen.

PIKANTE HAFERKUGELN

1 TL Butter

1 kleine Zwiebel, fein gehackt

100 g mittelfeiner Haferschrot

1/2 TL milder Curry

*1 Msp Kurkuma/Gelbwurz
(für die Farbe), nach Belieben*

*je eine Prise Paprika-, Ingwer- und
Korianderpulver*

200 ml/2 dl Gemüsebrühe

2–3 EL Kokosflocken

Kokosflocken zum Wenden

*Butterschmalz/Bratbutter oder
Maiskeimöl, zum Braten*

1. Die Zwiebeln in der Butter anschwitzen. Den Haferschrot dazugeben und mitanschwitzen. Würzen. Mit der Gemüsebrühe ablöschen, unter Rühren aufkochen, rund 5 Minuten auf kleinem Feuer köcheln lassen. Auf der ausgeschalteten Wärmequelle zugedeckt 20 Minuten quellen lassen. Die Kokosflocken darunterrühren.
2. Aus der Hafermasse mit öligen Händen kleine Kugeln formen, gut zusammendrücken. Die Haferkugeln in den Kokosflocken wenden und im Butterschmalz braten. Die Kugeln schmecken warm und kalt.

   Serviervorschlag: Mit der Zitronensauce (Seite 50) oder einem Gemüseragout servieren.

QUELLREIS–GRUNDREZEPT

100 g Langkorn-Naturreis

400–500 ml/4–5 dl Wasser

1 Msp Meersalz

1. Den Reis in einem feinmaschigen Sieb ausgiebig mit warmem Wasser überbrausen.
2. Wasser, Reis und Salz in einem hohen Kochtopf aufkochen, 5 Minuten sprudelnd kochen, dann auf der ausgeschalteten Wärmequelle 30 Minuten oder länger nachquellen lassen. Mit einer Gabel lockern.

   Tipp: Dieser neutrale, kernige Reis kann mit gedünstetem Gemüse jeglicher Art kombiniert werden. Er eignet sich auch für einen Gemüse-Reissalat, für Suppeneinlagen, zum Füllen von Gemüse usw.

   Im Kühlschrank einige Tage haltbar. Den Vorratsreis in einem Sieb im Dampf erwärmen; der Reis bleibt körnig und man spart Kalorien.

*Abbildung:
Pikante Haferkugeln*

VOLLKORNSPAGETTI MIT SESAMPESTO

200 g Vollkorn-Spagetti
Meersalz

Pesto

15 g geschälte Sesamsamen

25 ml/0,25 dl kaltgepresstes Olivenöl extra vergine

1 Bund Basilikum, fein geschnitten, oder 2 TL Basilikumpaste (Bioladen/Reformhaus)

wenig glattblättrige Petersilie, fein geschnitten

15 g Pistazien- oder Kürbiskerne, fein gerieben

1 Knoblauchzehe, durchgepresst

ca. 30 ml/0,3 dl warmes Wasser

Gemüsebrühepulver

Pfeffer aus der Mühle

Kräutermeersalz

1. Die Sesamsamen in der Bratpfanne ohne Fett goldbraun rösten.
2. Für den Pesto sämtliche Zutaten bis und mit Gemüsebrühepulver, jedoch ohne die Sesamsamen, zu einer nicht zu feinen Paste mixen. Mit Salz und Pfeffer würzen. Die Sesamsamen dazugeben.
3. Die Spagetti in reichlich Salzwasser al dente kochen, abgießen.
4. Die noch heißen Spagetti sofort mit dem Pesto vermengen.

Tipp: Doppelte Menge Pesto herstellen und für eine andere Mahlzeit verwenden. Pesto im Kühlschrank aufbewahren. Er schmeckt auch sehr gut zu Schalenkartoffeln. Dann etwas weniger Gemüsebrühe verwenden, damit er etwas dicker wird.

MAISPIZZA

*für 2 flache feuerfeste
Portionenformen von 16 bis 18 cm
Durchmesser*

*100 g feiner Maisgrieß
300 ml/3 dl Gemüsebrühe
Pfeffer aus der Mühle
1 Msp Paprikapulver
Meersalz*

Butter für die Formen

Belag

*1 EL kaltgepresstes Olivenöl
1 Zwiebel, in Scheiben
je $^1/_2$ roter und gelber
Gemüsepaprika/Peperoni,
in feinen Streifen
$^1/_2$ rote Pfefferschote, in Ringen
1 kleiner Zucchino, in feinen
Scheiben
2 Tomaten, Stielansatz entfernt,
gewürfelt
8 schwarze Oliven
Meersalz
Pfeffer aus der Mühle
2 EL kaltgepresstes Olivenöl
Basilikum*

1. Die Gemüsebrühe und den Mais unter Rühren aufkochen, auf kleinem Feuer 5 bis 8 Minuten unter ständigem Rühren köcheln lassen. Würzen.
2. Die Gratinformen mit Butter ausstreichen, den Mais einfüllen und glattstreichen.
3. Zwiebeln, Gemüsepaprika, Pfefferschoten und Zucchini im Olivenöl anschwitzen, auf kleinem Feuer zugedeckt 5 Minuten dünsten.
4. Ofen auf 220 Grad vorheizen.
5. Das Gemüse auf die Maispizzen verteilen. Mit den Oliven belegen. Würzen mit Pfeffer und Salz. Das Olivenöl darüberträufeln.
6. Die Pizzen auf mittlerem Einschub 10 Minuten backen. Das fein geschnittene Basilikum darüberstreuen.

KARTOFFEL-MÖHREN-PFANNE MIT MEERRETTICHSCHAUM

300 g Kartoffeln
300 g Möhren/Karotten
1 EL Butter
1 kleine Zwiebel, fein gehackt
250 ml/2,5 dl Gemüsebrühe
1 Msp Paprikapulver
1 Prise geriebene Muskatnuss
Kräutermeersalz
frische Petersilie, fein gehackt

Meerrettichschaum

1 Stück Meerrettich
100 g Crème fraîche
Meersalz
wenig Petersilie, fein gehackt

1. Die Kartoffeln und die Möhren schälen. Die Kartoffeln würfeln, die Möhren in Stäbchen schneiden.
2. Die Zwiebeln in der Butter anschwitzen, die Möhren mitanschwitzen. Die Kartoffeln dazugeben. Mit der Gemüsebrühe ablöschen, aufkochen und zugedeckt auf kleinem Feuer rund 12 Minuten köcheln lassen, bis das Gemüse gar ist. Würzen. Die Petersilie darunterrühren.
3. Den Meerrettich schälen und mit der Bircher-Rohkostreibe zur Crème fraîche reiben. Abschmecken mit Salz und Petersilie. Separat servieren.

Tipp: Der Meerrettichschaum schmeckt auch sehr gut zu Ofenkartoffeln.

Gesundheit: Der Meerrettich enthält sehr viel Vitamin C und schützt uns im Winter vor Erkältungen.

KICHERERBSENPÜREE MIT GEMÜSE

200 g Kichererbsen
6 EL kaltgepresstes Olivenöl
1 EL Zitronensaft
1 EL Balsamessig
2 Knoblauchzehen
Meersalz
Pfeffer aus der Mühle
2 EL Petersilie, fein gehackt

Gemüse

600 g gemischtes Gemüse, z. B.
Möhren/Karotten, Knollensellerie,
Lauch, klein gewürfelt
wenig Gemüsebrühe
1 EL Butter oder kaltgepresstes
Olivenöl
Kräutermeersalz
Petersilie, fein gehackt

geröstete Kürbiskerne,
für die Garnitur

1. Die Kichererbsen über Nacht in kaltem Wasser einlegen. Im Schnellkochtopf mit einem Liter frischem Wasser aufsetzen, 15 bis 20 Minuten garen. In einem konventionellen Kochtopf beträgt die Garzeit 40 bis 50 Minuten. Die Kichererbsen in ein Sieb abgießen, das Kochwasser auffangen.

2. Einige Kichererbsen beiseite legen, den Rest mit dem Olivenöl, dem Zitronensaft und dem Balsamessig pürieren. Je nach Konsistenz mit wenig Kochwasser verdünnen. Den Knoblauch dazupressen. Würzen. Mit der Petersilie abschmecken.

3. Das Gemüse mit der Gemüsebrühe und wenig Butter aufkochen, auf kleinem Feuer kurz köcheln lassen, bis das Gemüse gar ist. Würzen. Die Petersilie darunterrühren.

4. Vom Kichererbsenpüree mit dem Esslöffel Klöße abstechen und anrichten. Das Gemüse dazugeben. Mit den Kürbiskernen und den ganzen Kichererbsen garnieren.

HIRSE-MAIS-GNOCCHI
MIT FENCHEL UND BOHNEN

Gnocchi

70 g Hirse

50 g feiner Maisgrieß

300 ml/dl Gemüsebrühe

Kräutermeersalz

Pfeffer aus der Mühle

1 Prise geriebene Muskatnuss

1 Msp Paprikapulver

1 EL fein gehackte Petersilie

1 EL fein geschnittener Schnittlauch

1 kleine rote Pfefferschote, in Ringen

Gemüse

10 g Butter

1 kleine Zwiebel, fein gehackt

1 Knoblauchzehe

1 TL fein gehacktes Bohnenkraut

300 g grüne Bohnen

*300 g kleine Fenchelknollen,
längs geviertelt*

100 ml/1 dl Gemüsebrühe

Kräutermeersalz

1. Die Hirse in einem feinmaschigen Sieb mit warmem Wasser überbrausen.

2. Gemüsebrühe, Hirse und Mais aufkochen, 10 Minuten auf kleinem Feuer unter zeitweiligem Rühren köcheln lassen. Auf der ausgeschalteten Wärmequelle zugedeckt 30 Minuten oder länger quellen lassen.

3. Für das Gemüse die Zwiebeln und den durchgepressten Knoblauch in der Butter anschwitzen. Das Bohnenkraut, die Bohnen und den Fenchel dazugeben und mitanschwitzen. Mit der Gemüsebrühe ablöschen, aufkochen und auf kleinem Feuer zugedeckt rund 20 Minuten köcheln lassen.

4. Die Hirse-Mais-Masse aufkochen, würzen. Die Kräuter und die Pfefferschotenringe darunterrühren. Mit einem Esslöffel Klöße abstechen. Zusammen mit dem Gemüse anrichten.

APFEL AUS DEM OFEN MIT ZITRONENSAHNE

2 große Boskop
2 TL Butter

100 g/1 dl Sahne/Rahm
1 TL Akazienhonig
abgeriebene Schale von einer
unbehandelten Zitrone

wenig gehackte Pistazien
oder andere Nüsse,
für die Garnitur

1. Ofen auf 200 Grad vorheizen.
2. Den Äpfeln beim Blütenansatz einen Deckel abschneiden. Das Kerngehäuse mit einem Kugelausstecher entfernen. In die Öffnung einen Teelöffel Butter geben, den Deckel aufsetzen. Die Äpfel in einer Gratinform auf mittlerem Einschub 10 Minuten braten. Auskühlen lassen.
3. Die Sahne steif schlagen, mit dem Honig süßen. Die Hälfte Zitronengelb dazugeben.
4. Die Sahne in die Vertiefung füllen und auf die Äpfel häufen, den Deckel aufsetzen. Mit dem restlichen Zitronengelb und den Nüssen garnieren.

FRUCHTTELLER MIT ZIMT-HONIG-MARZIPAN

2 kleine Äpfel
2 kleine Birnen
1 EL Zitronensaft
abgeriebene Schale einer
unbehandelten Zitrone

Marzipan

40 g geschälte Mandeln,
fein gerieben
30 g Akazienhonig
1/2 TL Zimtpulver
2–3 EL Wasser

Zimtpulver

1. Die Äpfel und die Birnen schälen, vierteln und entkernen. In feine Spalten schneiden. Abwechslungsweise kreisförmig auf Glastellern anrichten. Den Zitronensaft darüberträufeln und das Zitronengelb darüberstreuen.
2. Für das Marzipan Mandeln, Honig und Zimtpulver mischen, mit etwas Wasser verdünnen. Mit einem Esslöffel Klöße abstechen, in die Mitte setzen. Wenig Zimt darüberstäuben.

BEEREN MIT PFEFFERMINZSAHNE

400–500 g gemischte Beeren,
je nach Marktangebot

$^1/_2$–1 EL Akazienhonig
abgeriebene Schale einer
unbehandelten Zitrone
1 TL Zitronensaft
1 EL Wasser
$^1/_2$ Vanilleschote

100 g/1 dl Sahne/Rahm
1 EL Kokosraspeln
1 TL sehr fein gehackte Pfefferminze
(Orangenminze)
1 TL Akazienhonig, nach Belieben

frische Pfefferminzblättchen
(Orangenminze)

1. Die Beeren in Gläser oder Glasschalen verteilen.
2. Akazienhonig, Zitronengelb, Zitronensaft und Wasser verrühren. Die
   Vanilleschote aufschlitzen, das
   Mark abstreifen und zur Marinade
   geben. Über die Beeren träufeln.
3. Die Sahne steif schlagen, mit den
   Kokosraspeln, der Pfefferminze
   und dem Akazienhonig vermengen.
   Auf die Beeren häufen. Mit
   Pfefferminzblättchen garnieren.

GARTINIERTE FEIGEN

4–8 frische Feigen

4–5 EL Mascarpone
1 TL–1 EL Orangensaft
1 TL abgeriebene Schale einer
unbehandelten Orange
$^1/_2$ TL Zimtpulver
1 TL Akazienhonig

Butter für die Form

1. Den Stielansatz der Feigen wegschneiden, die Früchte vierteln, mit
   der Hautseite nach unten in eine
   gebutterte Gratinform legen.
2. Ofen auf 200 Grad vorheizen.
3. Die restlichen Zutaten glattrühren,
   auf die Feigen verteilen. Auf mittlerem Einschub 10 Minuten über-
   backen.

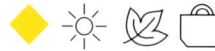

ENERGIEDRINK

2 EL Mandelmus
250 ml/2,5 dl Wasser
200 ml/2 dl Apfel-Mango-Saft

1. Sämtliche Zutaten während 2 bis 3 Minuten mixen.

   Variante: Wenig frische Früchte oder einige Beeren oder eine halbe Banane mitmixen.

   Tipp: Ein leichtes Frühstück für heiße Sommertage oder eine leichte Zwischenmahlzeit.

APFEL-QUITTEN-DRINK

für 1 Liter

400 ml/4 dl Apfelsaft
200 g Quittengelee
400 ml/4 dl Wasser
Saft und abgeriebene Schale einer Zitrone

1. Sämtliche Zutaten mixen.

Abbildung Seite 118

BARLEY WATER – ENERGIEGETRÄNK

60 g Sprießkorngerste/Nacktgerste (Bioladen/Reformhaus)
1–2 getrocknete Feigen
1 Zimtstange
1,5 l Wasser
1 l Apfelsaft
Saft einer Zitrone
wenig Orangensaft, nach Belieben
1–2 EL Birnendicksaft
1 Msp frisch geriebener Ingwer oder Zimtpulver, nach Belieben

1. Die Gerste zusammen mit den Feigen, der Zimtstange und dem Wasser aufkochen, auf kleinstem Feuer rund 90 Minuten köcheln lassen. Das Gerstenwasser eine Stunde zugedeckt stehen lassen. Absieben. Die Gerste und die Feigen auf den Kompost geben.
2. Die restlichen Zutaten unter den Gerstensaft rühren. Warm oder kalt trinken.

   Tipp: Barley Water in Flaschen abfüllen. Es hält sich im Kühlschrank etwa 3 Tage frisch. Ideal für Sportler und Morgenmuffel.

REZEPTE MIT EIWEISS

HÄHNCHENBRUST MIT BROKKOLI UND ZUCCHINI

wenig kaltgepresstes Olivenöl
200–300 g Hähnchen-/
Pouletbrüstchen
Pfeffer aus der Mühle

Gemüse

250 g Brokkoli
250 g Zucchini
1 EL kaltgepresstes Olivenöl
1 Msp Curry
1 Msp abgeriebene Schale
einer unbehandelten Zitrone
wenig Wasser
Meersalz
Pfeffer aus der Mühle
1 EL feingehackte Petersilie

1. Die Zucchini in Stäbchen schneiden. Beim Brokkoli den Strunk schälen, in Stäbchen schneiden, die Blume in kleine Röschen brechen.
2. Zucchini und Brokkoli im Olivenöl anschwitzen, würzen. Mit wenig Wasser ablöschen. Auf kleinem Feuer rund 10 Minuten köcheln lassen. Abschmecken. Die Petersilie daruntermischen.
3. Das Hähnchenbrüstchen im Olivenöl beidseitig je rund 5 Minuten braten. Mit Salz und Pfeffer würzen.
4. Das Gemüse anrichten. Das Fleisch in Scheiben schneiden und auf das Gemüse legen.

LAUCH-BROKKOLI-PFANNE MIT TOFU

300 g Lauch
300 g Brokkoli
1 EL kaltgepresstes Olivenöl
1 TL milder Curry
1 Msp Kurkuma/Gelbwurz
(für die Farbe), nach Belieben
200 ml/2 dl Gemüsebrühe
1 Sträußchen Petersilie, fein gehackt
2 EL Mandelstäbchen

250 g Tofu
Kräutermeersalz
Pfeffer aus der Mühle
Sojasauce
4 EL geschälte Sesamsamen

Butterschmalz/Bratbutter
oder Sesamöl, zum Braten

Fortsetzung nächste Seite

Abbildung:
Hähnchenbrust mit Brokkoli und Zucchini

Fortsetzung von Seite 81

1. Den Lauch putzen, halbieren und in 3 cm breite Stücke schneiden. Beim Brokkoli den Strunk nach Belieben schälen, in Röschen brechen.

2. Den Lauch und den Brokkoli im Olivenöl anschwitzen. Mit dem Curry würzen und der Gemüsebrühe ablöschen, aufkochen und zugedeckt auf kleinem Feuer rund 10 Minuten köcheln lassen.

3. Den Tofu in Scheiben schneiden, mit Salz, Pfeffer und Sojasauce kräftig würzen. Die Tofuscheiben in den Sesamsamen wenden. Im heißen Butterschmalz oder im Sesamöl beidseitig braten.

4. Das Gemüse und den gebratenen Tofu anrichten. Die Petersilie und die Mandelstäbchen darüberstreuen.

Variante: Den Tofu durch Fleisch oder Fisch (beide Eiweiß) oder durch Kartoffeln oder Naturreis (beide Kohlenhydrate) ersetzen. Den Brokkoli durch Zucchini ersetzen.

Ernährungsinfo: Dieses Gericht liefert dem Körper viel Calcium. Grünes Gemüse wie Lauch und Brokkoli, aber auch Sesamsamen und Tofu sind sehr gute Calciumlieferanten.

FISCHSALAT

300 g Meeresfrüchte und Fisch, gemischt, z. B. geschälte Garnelen/Crevetten, ausgelöste Muscheln, festkochender Fisch

Meersalz

2 Tomaten

je 1 grüner und roter Gemüsepaprika/Peperoni

$1/_2$ Bund Basilikum, fein geschnitten

wenig glatte Petersilie, fein gehackt

einige schwarze Oliven

Sauce

2 EL milder Estragon- oder Apfelessig

1 TL Balsamessig

Meersalz

Pfeffer aus der Mühle

4 EL kaltgepresstes Olivenöl extra vergine

1. Den Fisch würfeln, mit den Meeresfrüchten im Dampf 4 bis 5 Minuten garen. Abkühlen lassen.

2. Bei den Tomaten den Stielansatz entfernen, die Früchte würfeln. Den Gemüsepaprika halbieren, Stielansatz und Kerne entfernen, in Streifen schneiden.

3. Sämtliche Zutaten mit der Sauce mischen.

Abbildung: Fischsalat

SPARGEL MIT GEBRATENEM TOFU

1 kg weißer und grüner Spargel,
gemischt
1 EL Butter
wenig Gemüsebrühe
100 g/1 dl Sahne/Rahm
Meersalz
Pfeffer aus der Mühle
1 Prise geriebene Muskatnuss
wenig Zitronensaft
1 Sträußchen Petersilie, fein gehackt

Tofu

250 g Tofu
Pfeffer aus der Mühle
Sojasauce
1 EL geriebene Mandeln
1 EL Gomasio (Sesamsalz)
1 EL Butterschmalz/Bratbutter
oder Sesamöl, zum Braten

1. Den weißen Spargel schälen, die untere Hälfte großzügig, die Schnittstellen kappen. Beim grünen Spargel nur die untere Hälfte schälen, die Schnittstellen kappen. Grünen und weißen Spargel diagonal in 4 cm lange Stücke schneiden. Den weißen Spargel im Dampf 20 bis 25 Minuten garen, den grünen Spargel nach 10 Minuten dazugeben und mitgaren. Die Garzeit hängt von der Dicke der Spargelstangen ab.

2. Den Tofu in möglichst große, dünne Scheiben schneiden. Mit dem Pfeffer und der Sojasauce würzen. Eventuell am Vorabend würzen und im Kühlschrank marinieren. Die Mandeln und das Sesamsalz mischen, die Tofuscheiben darin wenden. Im Butterschmalz beidseitig braten.

3. Den Spargel in der Butter schwenken, die Gemüsebrühe und die Sahne dazugeben und erhitzen, die Flüssigkeit wenig einkochen lassen. Mit Salz, Pfeffer, Muskatnuss und Zitronensaft würzen. Mit der Petersilie abschmecken.

4. Spargelragout und Tofu anrichten.

AUBERGINENGRATIN AUF LIGURISCHE ART

400 g Auberginen
Meersalz

250 ml/2,5 dl Tomatensauce
aus dem Glas
Kräutermeersalz
Pfeffer aus der Mühle
1 TL italienische Kräutermischung
1 Knoblauchzehe

120 g Raclette-Käse, in Scheiben
Pfeffer aus der Mühle

1. Die Auberingen beidseitig kappen, in 15 mm dicke Scheiben schneiden. In einer nicht klebenden Bratpfanne ohne Fett beidseitig braten. Am besten geht das, wenn man etwas Meersalz auf den Pfannenboden streut. Die gebratenen Auberginen beiseite legen.
2. Ofen auf 220 Grad vorheizen.
3. Die Tomatensauce mit Salz, Pfeffer und der Kräutermischung würzen. Die Knoblauchzehe dazupressen.
4. Eine Gratinform mit Butter ausstreichen und den Boden mit wenig Tomatensauce ausgießen. Mit einer Schicht Auberginen belegen, mit Tomatensauce bedecken, dann wieder mit Auberginen, abschließen mit der Tomatensauce und dem Raclette-Käse. Mit Pfeffer würzen.
5. Auberginengratin im vorgeheizten Ofen 12 bis 15 Minuten backen.

Tipp: Am Mittag mit einer großen Schüssel grünem Salat servieren.

FISCHCURRY MIT GEMÜSE

300 g Seeteufel oder anderer
festkochender Fisch
Meersalz
Pfeffer aus der Mühle
wenig Zitronensaft
1 EL Sesam- oder Maiskeimöl
1 TL Curry

Gemüse

1 EL Butter oder Maiskeimöl
1 kleine Zwiebel, fein gehackt
200 g Möhren/Karotten
100 g Lauch
200 g Blumenkohl
1 TL Curry
1 Prise Ingwerpulver
150 ml/1,5 dl Kokosmilch
aus der Dose
100 ml/1 dl Gemüsebrühe
Petersilie, fein gehackt

1. Die Möhren schräg in möglichst große Scheiben schneiden. Den Lauch putzen, halbieren und in 5 cm lange Stücke schneiden. Den Blumenkohl in kleine Röschen teilen.

2. Den Fisch in Würfel schneiden. Mit Zitronensaft beträufeln und kurz marinieren. Mit Salz und Pfeffer würzen.

3. Die Zwiebeln und das Gemüse in der Butter anschwitzen. Mit Curry und Ingwer würzen, mit der Kokosmilch und der Gemüsebrühe ablöschen, aufkochen, auf kleinem Feuer zugedeckt köcheln lassen, 5 bis 8 Minuten. Abschmecken.

4. Die Fischwürfel im heißen Öl kurz braten, mit Curry bestäuben.

5. Die Fischwürfel und das Gemüse mischen. Mit der Petersilie garnieren.

Tipp: Statt Fisch passt zu diesem Gemüse auch sehr gut Reis (Kohlenhydrat-Mahlzeit) oder Hähnchen-/Pouletstreifen (Eiweißmahlzeit).

FORELLE AUF MÖHREN-
INGWER-GEMÜSE

2 kleine, küchenfertige Forellen
Kräutermeersalz
Pfeffer aus der Mühle
Butterschmalz/Bratbutter
oder Maiskeimöl

Gemüse

400 g erntefrische Möhren/Karotten
1 Stück frischer Ingwer, ca. 70 g
1 Bund Lauchzwiebeln oder
1 große Zwiebel
1 EL Sesamöl oder Butter
2 EL Weißwein
150 ml/1,5 dl Gemüsebrühe
Meersalz
Pfeffer aus der Mühle

1. Die Forellen innen und außen unter fließendem kaltem Wasser reinigen. Mit Küchenpapier trocken tupfen. Innen und außen würzen.
2. Die Möhren nicht schälen, nur waschen. Den Ingwer schälen. Die Möhren und den Ingwer in Stäbchen, die Zwiebeln in feine Scheiben schneiden.
3. Die Zwiebelscheiben im Sesamöl anschwitzen. Die Möhren und den Ingwer dazugeben und mitanschwitzen. Mit dem Weißwein ablöschen, verdunsten lassen. Die Gemüsebrühe aufgießen, aufkochen und auf kleinem Feuer etwa 8 Minuten zugedeckt köcheln lassen. Abschmecken.
4. Die Forellen im Butterschmalz oder im Maiskeimöl beidseitig je 8 Minuten braten.
5. Die Forellen auf dem Möhrengemüse anrichten.

TOFU-PAPRIKA-FLAN

für 4 Portionenförmchen

250 g Tofu, klein gewürfelt
2 EL Sojasauce
1/2 roter Gemüsepaprika/Peperoni
1 TL kaltgepresstes Olivenöl
1 Knoblauchzehe
wenig Gemüsebrühe

2 Freilandeier
50 g/0,5 dl Sahne/Rahm
Kräutermeersalz
Pfeffer aus der Mühle
1 TL fein gehackte Petersilie

Butter für die Förmchen

1. Den Tofu mit der Sojasauce würzen.
2. Beim Gemüsepaprika den Stielansatz und die Kerne entfernen, klein würfeln.
3. Den Gemüsepaprika zusammen mit dem durchgepressten Knoblauch im Olivenöl anschwitzen. Wenig Gemüsebrühe dazugeben und zugedeckt 10 bis 15 Minuten köcheln lassen, bis das Gemüse weich ist. Abkühlen lassen.
4. Ofen auf 180 Grad vorheizen.
5. Tofu, Gemüsepaprika, Eier und Sahne pürieren. Würzen, die Petersilie darunterrühren. Das Gemüsepüree in die gebutterten Förmchen füllen.
6. Förmchen in eine ofenfeste Form stellen. Bis auf halbe Höhe mit Wasser füllen. Auf mittlerem Einschub 45 Minuten pochieren. Vor dem Stürzen 5 Minuten stehen lassen.

Tipp: Mit Gemüse und Salat kombinieren. Der Flan kann auch kalt gegessen werden.

FISCHSPIESS MIT GEMÜSE

*300 g Fischwürfel und
Meeresfrüchte, gemischt,
z. B. Seeteufel, Lachs, ausgelöste
Muscheln, geschälte
Riesengarnelen/-crevetten
1 EL Butterschmalz/Bratbutter
Kräutermeersalz
Pfeffer aus der Mühle
frischer Thymian*

Gemüse

*1 EL kaltgepresstes Olivenöl
1 kleine Zwiebel, fein gehackt
100 g roter Gemüsepaprika/
Peperoni
200 g Wirsing/Wirz
200 g Möhren/Karotten
200 g Zucchini
150 ml/1,5 dl Gemüsebrühe
frischer Thymian
1 Sträußchen Petersilie, fein gehackt
Kräutermeersalz*

1. Die Fischwürfel und die Meeresfrüchte auf die Spieße reihen. Würzen.
2. Den Stielansatz beim Gemüsepaprika entfernen, halbieren und in Streifen schneiden. Den Strunk beim Wirsing herausschneiden, quer in feine Streifen schneiden. Die Möhren und die Zucchini in Stäbchen schneiden.
3. Für das Gemüseragout die Zwiebeln im Olivenöl anschwitzen, das Gemüse dazugeben und mitanschwitzen. Mit der Gemüsebrühe ablöschen, aufkochen und zugedeckt auf kleinem Feuer rund 8 Minuten köcheln lassen. Mit Thymian, Petersilie und Kräutersalz abschmecken.
4. Die Fischspieße im Olivenöl auf beiden Seiten braten. Auf dem Gemüse anrichten.

FLEISCHSTREIFEN MIT PAPRIKA UND PILZEN

*250 g Rinder- oder Lammfilet,
in Streifen*
1 EL Butterschmalz/Bratbutter
Meersalz
Pfeffer aus der Mühle

Gemüse

*500 g bunter Gemüsepaprika/
Peperoni*
1 EL kaltgepresstes Olivenöl
1 kleine Zwiebel, fein gehackt
100 g Austernpilze, in Streifen
Paprikapulver
Meersalz
Pfeffer aus der Mühle

1 EL Cashewkerne, nach Belieben
1 TL fein gehackte Petersilie

1. Den Gemüsepaprika halbieren, Stielansatz und Kerne entfernen, in Streifen schneiden.

2. Die Zwiebeln im Olivenöl anschwitzen. Den Gemüsepaprika und die Pilze dazugeben und mitanschwitzen. Würzen. Auf kleinem Feuer zugedeckt im eigenen Saft rund 8 Minuten dünsten. Eventuell wenig Gemüsebrühe dazugeben.

3. Das Fleisch trocken tupfen und im Butterschmalz scharf anbraten. Mit Salz und Pfeffer würzen.

4. Die Fleischstreifen unter das Gemüse mischen. Abschmecken. Die Cashewkerne und die Petersilie darüberstreuen.

Ernährungsinfo: Cashewkerne enthalten viel Calcium. Acht Kerne decken den Tagesbedarf eines Erwachsenen.

PAPRIKA-FISCH-GULASCH

*300 g Fischfilets, z. B. Steinbutt
oder Seeteufel*
wenig Zitronensaft
Meersalz
Pfeffer aus der Mühle
*je 1 roter und grüner
Gemüsepaprika/Peperoni*
1 EL Olivenöl extra vergine
1 kleine Zwiebel, in Scheiben
1 Knoblauchzehe
2 EL Rotwein
1 EL Crème fraîche
ganze Petersilie

1. Die Fischfilets in Streifen schneiden.
   Mit Zitronensaft beträufeln,
   15 Minuten marinieren. Würzen.
2. Den Gemüsepaprika halbieren,
   Stielansatz und Kerne entfernen,
   in Streifen schneiden.
3. Die Zwiebeln im Olivenöl anschwitzen, den Gemüsepaprika und den
   durchgepressten Knoblauch dazugeben und mitanschwitzen. Mit
   dem Rotwein ablöschen, auf kleinem Feuer unter Rühren 6 bis
   8 Minuten dünsten. Abschmecken.
4. Die Fischstreifen auf das Gemüse
   legen und zugedeckt nochmals
   rund 10 Minuten dünsten. Eventuell wenig Gemüsebrühe dazugießen. Die Crème fraîche vorsichtig darunterziehen. Mit der Petersilie garnieren.

LAUCHSALAT MIT ROQUEFORT

600 g Lauch
200 ml/2 dl Gemüsebrühe
60 g getrocknete Tomaten
8 Walnuss-/Baumnusskernhälften,
*12 schwarze oder grüne Oliven,
nach Belieben*
100 g Roquefort, gewürfelt

Sauce
---

2 EL Himbeer- oder Apfelessig
1 TL Balsamessig
1 Msp abgeriebene Zitronenschale
Pfeffer aus der Mühle
Meersalz
*4 EL kaltgepresstes Olivenöl
extra vergine*
1 EL fein gehackte Petersilie

1. Den Lauch putzen, diagonal in
   2 bis 3 cm breite Stücke schneiden.
   Im Dampf oder in wenig Gemüsebrühe 5 bis 8 Minuten garen. Mit
   kaltem Wasser abschrecken.
2. Tomaten in feine Streifen schneiden.
3. Die Sauce sämig rühren, mit dem
   Lauch und den Tomatenstreifen
   mischen. 15 Minuten ziehen lassen.
4. Den Salat anrichten. Oliven, Nüsse
   und Roquefort dazugeben.

*Abbildung:
Lauchsalat mit Roquefort*

BUNTER SOMMERSALAT MIT FETA

1 EL kaltgepresstes Olivenöl
100 g Austernpilze
1 Knoblauchzehe

400 g gemischter Gemüse-
paprika/Peperoni,
ca. 2 Stück
2 Tomaten
1 Sträußchen glattblättrige Petersilie
1 Handvoll Rettichsprossen oder
andere Sprossen
100 g Feta, gewürfelt

Sauce

2 EL Balsamessig oder
halb Apfelessig/halb Balsamessig
Meersalz
Pfeffer aus der Mühle
4 EL kaltgepresstes Olivenöl
extra vergine

1. Den Gemüsepaprika halbieren, den Stielansatz und die Kerne entfernen, in kleine Vierecke schneiden.

2. Bei den Tomaten den Stielansatz entfernen, würfeln.

3. Die Austernpilze mit einem trockenen Tuch abreiben und in Streifen schneiden. Zusammen mit dem durchgepressten Knoblauch im Olivenöl etwa 5 Minuten unter ständigem Rühren braten.

4. Gemüsepaprika, Tomaten, Pilze, ganze Petersilienblätter und Rettichsprossen mit der Sauce mischen, abschmecken. Den Feta vorsichtig daruntermischen oder am Schluss darüberstreuen. Nach Belieben mit Oliven servieren.

Zum Rezept: Für eine Vorspeise die Mengen halbieren und den Feta weglassen. Dann ist der Salat neutral und passt zu einem Kohlenhydrat- oder Eiweißgericht.

GEMÜSESOUFFLÉ MIT KÜRBISKERNEN

200 g Brokkoli
100 g Zucchini
100 g Möhren/Karotten
1 EL Butter
1 kleine Zwiebel, fein gehackt
100 ml/1 dl Gemüsebrühe

2 Freilandeier
100 g/1 dl Sahne/Rahm
geriebene Muskatnuss
Pfeffer aus der Mühle
20 g Kürbiskerne, gehackt

Butter für die Förmchen

1. Den Strunk des Brokkoli eventuell schälen, die Zucchini und die Möhren schälen. Das Gemüse klein schneiden.
2. Die Zwiebeln in der Butter anschwitzen, das Gemüse dazugeben und mitanschwitzen. Mit der Gemüsebrühe ablöschen, aufkochen und auf kleinem Feuer 6 bis 8 Minuten kochen lassen. Restliche Flüssigkeit abgießen. Auskühlen lassen.
3. Ofen auf 180 Grad vorheizen.
4. Die Eier trennen. Das Gemüse, die Eigelbe und die Sahne pürieren. Würzen.
5. Das Eiweiß steif schlagen, zusammen mit den gehackten Kürbiskernen unter das Gemüsepüree ziehen. In gebutterte Portionenförmchen füllen.
6. Das Gemüsesoufflé auf unterstem Einschub 25 bis 30 Minuten backen. Wird die Masse in einer großen Form gebacken, erhöht sich die Backzeit um ca. 15 Minuten.

Serviervorschlag: Mit einer Pilzsauce und Blattsalat servieren.

TOFUCRÈME MIT HIMBEEREN

150 g weicher unpasteurisierter Tofu
1 TL Honig
2–4 EL Wasser, je nach Konsistenz des Tofu
2 EL Sahne/Rahm
1 Vanilleschote

200–300 g Himbeeren

einige Himbeeren für die Garnitur

1. Den Tofu in Stücke schneiden, zusammen mit dem Honig, dem Wasser und der Sahne pürieren. Die Vanilleschote aufschlitzen, das Mark abstreifen, unter die Tofu-creme rühren.
2. Die Himbeeren sorgfältig mit der Tofucreme mischen. In Glasschalen anrichten. Mit Himbeeren garnieren.

Abbildung:
Avocadobrot (Seite 40), oben
Spanischer Pfannkuchen, unten

SPANISCHER PFANNKUCHEN

4 Freilandeier
4 EL Wasser
Meersalz
Pfeffer aus der Mühle
wenig Paprikapulver

1 EL kaltgepresstes Olivenöl
1 Zwiebel, in Scheiben
$^1/_2$ gelber Gemüsepaprika/Peperoni, gewürfelt
1 kleiner Zucchino, in Scheiben
Kräutermeersalz
Pfeffer aus der Mühle
4 Cherrytomaten, halbiert

1 EL fein gehackte Petersilie

1. Die Eier und das Wasser verquirlen. Würzen.
2. Zwiebeln, Gemüsepaprika und Zucchini in einer weiten Bratpfanne im Olivenöl anschwitzen. Würzen. Auf kleinem Feuer zugedeckt 5 Minuten dünsten. Die Tomaten 2 Minuten mitdünsten.
3. Das Gemüse gleichmäßig auf dem Pfannenboden verteilen. Die Eier darübergießen, stocken lassen. Die Oberfläche soll noch leicht feucht sein. Den Pfannkuchen einschlagen. Mit der Petersilie bestreuen. Sofort servieren.

PFIRSICHGRATIN

2–4 gelbe Pfirsiche, je nach Größe
1 TL Zitronensaft
1 Msp Vanillepulver

Butter für die Form

Füllung

100 g Vollmilchquark
1 kleine Banane
1 Msp Vanillepulver
1 EL Mandelblättchen

Zitronenmelisse

1. Die Pfirsiche halbieren, entsteinen und in feine Spalten schneiden. Die Spalten dachziegelförmig in eine gebutterte Gratinform schichten. Marinieren mit dem Zitronensaft und dem Vanillepulver.
2. Ofen auf 200 Grad vorheizen.
3. Die fein zerdrückte Banane und das Vanillepulver mit dem Quark vermengen, die Pfirsiche damit überziehen. Die Mandelblättchen darüberstreuen.
4. Pfirsichgratin auf mittlerem Einschub 15 bis 20 Minuten backen.

NUSSQUARK AUF BEERENSAUCE

1 Vanilleschote
1 TL Akazienhonig
150 g Vollmilchquark
8 Walnuss-/Baumnusskerne, gehackt

Beerensauce

300 g Erdbeeren oder Himbeeren
1 Msp Vanillepulver

frische Beeren
Zitronenmelisse

1. Die Vanilleschote aufschlitzen, das Mark abstreifen, mit dem Honig und dem Quark glattrühren. Die gehackten Nüsse dazugeben. Kühl stellen.
2. Die Beeren mit dem Vanillepulver pürieren. Auf die Teller verteilen. Vom Quark mit einem Esslöffel Klöße abstechen, auf der Sauce anrichten. Mit den restlichen Beeren und der Zitronenmelisse garnieren.

Abbildung:
Nussquark auf Beerensauce

KRESSE-DRINK

¹/₂ l Kefir oder Buttermilch nature
1 Handvoll Kresse
1 Knoblauchzehe
gemahlener Koriander
Kräutermeersalz
Pfeffer aus der Mühle

1. Kefir, Kresse und durchgepressten Knoblauch pürieren. Würzen.

   Tipp: Der Drink ist im Sommer auch eine erfrischende Zwischen-mahlzeit.

Abbildung Seite 118

GURKEN-JOGURT-DRINK

1 Salatgurke, ca. 200 g
1 Becher (180 g) Vollmilch-Jogurt
oder Kefir
50 g/0,5 dl Sahne/Rahm
Kräutermeersalz
Pfeffer aus der Mühle
fein gehackte Zwiebeln oder durchgepressten Knoblauch, nach Belieben
frischer Dill oder frische Petersilie

1. Die Gurke schälen und würfeln, zusammen mit dem Jogurt und der Sahne pürieren. Je nach gewünschter Konsistenz zusätzlich mit Sahne verflüssigen. Mit Kräutermeersalz und Pfeffer wür-zen. Zwiebeln oder Knoblauch und gehackte Kräuter darunterrühren.

NEUTRALE REZEPTE

PROVENZALISCHES GEMÜSE

600 g gemischtes Gemüse,
z. B. Auberginen, Zucchini,
Gemüsepaprika/Peperoni

1 Knoblauchzehe,
in feinen Scheiben

1 EL kaltgepresstes Olivenöl

150 ml/1,5 dl Gemüsebrühe

Pfeffer aus der Mühle

abgeriebene Schale einer Zitrone

frisches Basilikum, in Streifen

1 EL Mandelstäbchen
oder Pinienkerne

1. Bei den Auberginen und den Zucchini die Enden kappen, würfeln. Den Gemüsepaprika halbieren, Stielansatz und Kerne entfernen, in Vierecke schneiden.

2. In einer weiten Pfanne, z.B. in einem Wok, die Knoblauchscheiben im Olivenöl anschwitzen. Das Gemüse dazugeben und mitanschwitzen. Mit der Gemüsebrühe ablöschen, aufkochen und auf kleinem Feuer zugedeckt 8 bis 12 Minuten köcheln lassen. Mit Pfeffer, Zitronengelb und Basilikum abschmecken. Die Mandeln darüberstreuen.

Variante: Vollkorn-Lasagneblätter in Salzwasser kochen, gut abtropfen lassen. Das Gemüse in den Blättern einschlagen (Kohlenhydrat-Mahlzeit). Oder mit gekochtem Naturreis vom Vortrag zu einem mediterranen Risotto mischen (Kohlenhydrat-Mahlzeit). Oder dazu Fisch, Fleisch oder Hähnchen servieren (Eiweiß-Mahlzeit).

Tipp: Abends das Gemüse ohne Beilage essen.

ROSENKOHL-SELLERIE-SALAT

400 g Rosenkohl
150 g Knollensellerie
wenig Radicchio/Cicorino, in Streifen

Sauce

3 EL Weißweinessig
1 TL Senf
2 EL Haselnussmus
1–2 EL Wasser
Kräutermeersalz
Pfeffer aus der Mühle
2 EL kaltgepresstes
Sonnenblumenöl

2 EL grob gehackte Haselnüsse

1. Die Zutaten für die Sauce verquirlen.
2. Beim Rosenkohl die Hüllblätter entfernen, die Schnittstelle kappen. Die Köpfchen je nach Größe halbieren oder vierteln. Den Sellerie schälen, in schmale, 3 cm lange Stäbchen schneiden.
3. Das Gemüse mit der Sauce mischen. 10 Minuten marinieren.
4. Rosenkohl-Sellerie-Salat auf Tellern anrichten. Mit dem Radicchio und den Nüssen garnieren.

Variante: Sellerie durch Möhren/Karotten ersetzen.

FARBIGE ROHKOST

je 200 g Weiß- und Blaukohl/-kabis, gehobelt
100 g Pastinaken, geschält, in Scheiben
2 Handvoll Feldsalat/Nüsslisalat
2–3 EL Linsensprossen

Sauce

4–6 EL Apfelessig
1 TL Zitronensaft
Kräutermeersalz
Pfeffer aus der Mühle
3 EL kaltgepresstes Distelöl
1 TL getrocknetes Basilikum
1 EL fein gehackte Petersilie

1 Handvoll Linsenkeimlinge

1. Die Linsenkeimlinge 1 bis 2 Minuten blanchieren. Unter kaltem Wasser abschrecken.
2. Das Gemüse und die Keimlinge auf Glastellern anrichten.
3. Die Sauce sämig rühren, die Kräuter dazugeben. Über den Salat träufeln.

ROTE-BETE-SALAT

300 g gekochte rote Beten/Randen
1 Brüsseler Endivie/weißer Chicorée
1 EL fein gehackte Petersilie
einige Pinienkerne,
nach Belieben geröstet

Sauce

1 EL Balsamessig
Meersalz
Pfeffer aus der Mühle
1 Prise Curry
2 EL Crème fraîche

1. Die roten Beten schälen und in Stäbchen oder Würfel schneiden. Mit der Sauce mischen.
2. Die Brüsseler Endivie längs halbieren, den bitteren Strunk herausschneiden, in die einzelnen Blätter zerlegen.
3. Die Brüsseler Endivie sternförmig anrichten, den Rote-Bete-Salat in die Mitte geben. Die Petersilie und die Pinienkerne darüberstreuen.

Abbildung:
Kerbelcremesuppe

KERBELCREMESUPPE

10 g Butter
1 kleine Zwiebel, fein gehackt
1 EL Vollkornmehl, Kleie ausgesiebt
600 ml/6 dl Gemüsebrühe
1 Handvoll Kerbel, fein gehackt
2 EL Sahne/Rahm
1 TL Cognac
1 Handvoll Kerbel, fein gehackt
Meersalz
Pfeffer aus der Mühle

2 EL Crème fraîche, für die Garnitur
einige Kerbelblättchen

1. Die Zwiebeln in der Butter anschwitzen, das Mehl darüberstäuben. Mit der Gemüsebrühe ablöschen, unter ständigem Rühren aufkochen und auf kleinem Feuer 5 Minuten köcheln lassen. Den Kerbel (1 Hand voll) dazugeben. Pürieren.
2. Die Suppe aufkochen, Sahne, Cognac und gehackten Kerbel darunterrühren. Abschmecken.
3. Die Kerbelsuppe anrichten. Mit einem Klecks Crème fraîche und einigen Kerbelblättchen garnieren.

Tipp: Wenn die Suppe mit Brot serviert wird, erhält man eine Kohlehydrat-Mahlzeit.

SÜSSSAURER MÖHRENSALAT

*500 g Möhren/Karotten,
in Stäbchen*
*100 g Petersilienwurzel oder
Knollensellerie, fein gehobelt*

Sauce

4 EL Balsamessig
$1/_2$ TL Honig
$1/_2$ TL Senfpulver
Kräutermeersalz
Pfeffer aus der Mühle
*3 EL kaltgepresstes Olivenöl
extra vergine*
*$1/_2$ Sträußchen Petersilie,
fein gehackt*
1 kleine rote Zwiebel, fein gehackt
*1 TL eingelegter grüner Pfeffer,
nach Belieben*

1. Die Möhren und die Petersilienwurzel im Dampf knackig garen,
   5 bis 8 Minuten. Wenig abkühlen
   lassen.
2. Für die Sauce Essig, Honig,
   Gewürze und Olivenöl verrühren,
   die restlichen Zutaten dazugeben.
   Mit dem lauwarmen Gemüse
   mischen. 15 Minuten marinieren.

SCHWARZWURZELCRÈME MIT KÜRBISKERNEN

300 g Schwarzwurzeln
100 g Knollensellerie
600–800 ml/6–8 dl Wasser
1–2 EL Gemüsebrühepulver
Meersalz
Pfeffer aus der Mühle
*2 EL Crème double/Doppelrahm
oder Crème fraîche*
einige Kürbiskerne, für die Garnitur

1. Die Schwarzwurzeln unter fließendem kaltem Wasser schälen. Eine
   halbe Schwarzwurzel für die Garnitur in Essig- oder Zitronenwasser
   legen, die übrigen in 2 cm lange
   Stücke schneiden. Den Sellerie
   schälen und in kleine Würfel
   schneiden.
2. Schwarzwurzeln, Sellerie, Wasser
   und Gemüsebrühepulver aufkochen,
   auf kleinem Feuer rund 30 Minuten
   köcheln lassen, bis das Gemüse
   sehr weich ist. Die Suppe pürieren
   und durch ein Sieb streichen.
3. Die Schwarzwurzelsuppe aufkochen,
   würzen. Mit der Crème double verfeinern. Anrichten. Die eingelegte
   Schwarzwurzel in feine Scheiben
   schneiden, zusammen mit den
   Kürbiskernen über die Suppe
   streuen.

MANGOLDWICKEL

8 kleine Stielmangold/Krautstiele,
ca. 300 g

1 EL kaltgepresstes Olivenöl

1 kleine Zwiebel, fein gehackt

1 TL Reismehl

50 ml/0,5 dl Gemüsebrühe

1 EL Crème fraîche

1 Knoblauchzehe

Kräutermeersalz

Pfeffer aus der Mühle

geriebene Muskatnuss

100 ml/1 dl Gemüsebrühe

1. Die Mangoldstiele mit dem Messer von den Blättern trennen. Die Blätter ganz lassen und in reichlich kochendem Wasser blanchieren, unter kaltem Wasser abschrecken. Die Blätter auf einem Tuch ausbreiten.
2. Die Mangoldstiele putzen, die groben Fasern abziehen, in kleine Würfel schneiden.
3. Ofen auf 160 Grad vorheizen.
4. Die Zwiebeln im Olivenöl anschwitzen, die Mangoldwürfelchen dazugeben und mitanschwitzen. Mit dem Reismehl bestäuben und der Gemüsebrühe ablöschen, aufkochen und 2 bis 3 Minuten köcheln lassen. Die Crème fraîche darunterrühren, den Knoblauch dazupressen. Würzen. Auf die Blätter verteilen und einwickeln.
5. Die Mangoldwickel in eine gebutterte Gratinform legen, die Gemüsebrühe dazugießen. Auf mittlerem Einschub 15 Minuten backen.

Serviervorschlag: Mit Naturreis servieren. (Kohlenhydrat-Mahlzeit).

BROKKOLISUPPE MIT MANDELBLÄTTCHEN

600 g Brokkoli
1 EL Butter
1 kleine Zwiebel, gehackt
600 ml/6 dl Gemüsebrühe
100 g Crème fraîche oder
100 g/1 dl Sahne/Rahm
Kräutermeersalz
Pfeffer aus der Mühle

2 EL Mandelblättchen, geröstet

1. Den Strunk beim Brokkoli eventuell schälen, das Gemüse zerkleinern.
2. Die Zwiebeln und den Brokkoli in der Butter anschwitzen, mit der Gemüsebrühe ablöschen, aufkochen und 12 bis 15 Minuten auf kleinem Feuer köcheln lassen. Pürieren.
3. Die Brokkolisuppe zusammen mit der Crème fraîche aufkochen. Abschmecken. Die Suppe anrichten und mit den Mandelblättchen bestreuen.

   Serviervorschlag: Je nach Appetit mit Vollkornbrot und Butter servieren. In diesem Fall ist es eine Kohlenhydrat-Mahlzeit.

BRÜSSELER ENDIVIE AN CURRYSAUCE

2 Brüsseler Endivien/weißer
Chicorée, ca. 300 g

Sauce

4 EL Sahne/Rahm
2 TL Reis- oder Apfelessig
1 TL milder Curry
Meersalz

1. Die Brüsseler Endivie halbieren und den bitteren Strunk keilförmig herausschneiden, quer in 5 mm breite Streifen schneiden.
2. Die Sauce sämig rühren, mit dem Salat mischen.

   Zum Mitnehmen: Sauce erst vor dem Essen mit der Brüsseler Endivie mischen, damit sie knackig bleibt.

   Variante: Mit Apfel- oder Orangenstückchen anreichern und mit Walnuss-/Baumnusskernen garnieren.

Abbildung:
Brokkolisuppe mit Mandelblättchen

KICHERERBSENKEIMLINGE AN TOMATENSAUCE

1 EL kaltgepresstes Olivenöl

1 kleine Zwiebel, fein gehackt

200 g Kichererbsenkeimlinge

1 Msp Korianderpulver

*1/2 TL Kurkuma/Gelbwurz
(für die Farbe)*

1 Prise Cayennepfeffer

100 ml/1 dl Gemüsebrühe

250 g Pelati aus dem Glas oder

2 große Tomaten, je nach Saison

2 EL Sahne/Rahm

1 Knoblauchzehe

Petersilie

Basilikum, je nach Saison

1. Die Tomaten an der Spitze kreuzweise einschneiden. In einem Schaumlöffel in kochendes Wasser tauchen, bis sich die Haut zu lösen beginnt. Die Früchte schälen, den Stielansatz kreisförmig herausschneiden, würfeln.

2. Die Kichererbsenkeimlinge mit kaltem Wasser überbrausen.

3. Die Zwiebeln im Olivenöl anschwitzen. Die Keimlinge dazugeben, würzen. Mit der Gemüsebrühe ablöschen, aufkochen und auf kleinem Feuer etwa 8 Minuten zugedeckt köcheln lassen. Die Tomatenwürfel oder die Pelati und die Sahne dazugeben, den Knoblauch dazupressen, aufkochen und 5 Minuten köcheln lassen. Das in Streifen geschnittene Basilikum und die fein gehackte Petersilie darunterrühren. Abschmecken.

Serviervorschlag: Mit Vollkornnudeln oder Reis oder nur mit Salat servieren.

SCHLEMMERSALAT

150 g zarter Stielmangold/
Krautstiele
200 g grüner Spargel
Meersalz

1 Handvoll Gartenkresse
1 Handvoll Schnittsalat
4 Champignons
4 Radieschen

Sauce

$^1/_2$ Avocado, gut reif
50 g/0,5 dl Sahne/Rahm
1 TL Sojasauce
1 EL Apfelessig
1 EL kaltgepresstes
Sonnenblumenöl
Kräutermeersalz
Pfeffer aus der Mühle
1 EL fein gehackte Zitronenmelisse
oder Petersilie

6 Walnuss-/Baumnusskernhälften
Zitronenmelisse

1. Die untere Hälfte des Spargels schälen, die Schnittstellen kappen, schräg in 4 cm lange Stücke schneiden. Das Grün beim Stielmangold wegschneiden und in Streifen schneiden. Die Stiele in Stäbchen schneiden. Spargel und Stielmangold im Dampf knackig garen. Abkühlen lassen.

2. Für die Sauce das Avocadofleisch mit einer Gabel möglichst fein zerstoßen oder mit den übrigen Zutaten mixen. Die Zitronenmelisse darunterrühren.

3. Schnittsalat, Gartenkresse und Mangoldstreifen auf Teller verteilen. Die in feine Scheiben geschnittenen Pilze und Radieschen sowie das Gemüse in die Mitte geben, mit der Sauce überziehen. Mit den Walnüssen und der Zitronenmelisse garnieren.

FRÜHLINGSGEMÜSE AN SAFRANSAUCE

200 g grüner Spargel
1–2 Frühlingszwiebeln, in Scheiben
100 g Möhren/Karotten, in Scheiben
100 g Kohlrabi, gewürfelt
Meersalz

Sauce

10 g Butter
1 kleine Zwiebel, fein gehackt
1 Briefchen Safranpulver oder einige Safranfäden
1–2 EL trockener Wermut
2–3 EL Weißwein
100 ml/1 dl Gemüsebrühe
100 g/1 dl Sahne/Rahm
Kräutermeersalz
einige Tropfen Zitronensaft

Zwiebelgrün, in Ringen

1. Beim Spargel untere Hälfte schälen, die Schnittstelle kappen, die Stangen schräg in 4 cm lange Stücke schneiden.
2. Sämtliches Gemüse im Dampf knackig garen.
3. Für die Sauce die Zwiebeln in der Butter anschwitzen, das Safranpulver dazugeben und mitanschwitzen. Mit dem Wermut und dem Weißwein ablöschen, aufgießen mit der Gemüsebrühe und der Sahne. Die Sauce aufkochen und auf kleinem Feuer wenig einköcheln lassen. Mit Kräutersalz würzen und dem Zitronensaft abschmecken.
4. Das Gemüse in der Sauce erwärmen. Anrichten und mit dem Zwiebelgrün garnieren.

Serviervorschlag: Mit Reis, Bandnudeln (Kohlenhydrat-Mahlzeit) oder Fleisch (Eiweiß-Mahlzeit) servieren.

MARINIERTES GEMÜSE

je 1 roter und grüner
Gemüsepaprika/Peperoni
250 g Möhren/Karotten
100 g Champignons
2 EL kaltgepresstes Olivenöl
extra vergine
1 EL Balsamessig
Kräutermeersalz
Pfeffer aus der Mühle

Marinade

4 EL Apfelessig
1 EL Balsamessig
Pfeffer aus der Mühle
Meersalz
4–6 EL kaltgepresstes Olivenöl
extra vergine
1 kleine Knoblauchzehe

frische Kräuter wie Basilikum,
Petersilie, fein gehackt
Oliven
Kapern
getrocknete Tomaten

1. Den Gemüsepaprika halbieren, entkernen und in Streifen schneiden. Die Möhren schälen und mit dem Sparschäler Streifen abziehen. Die Champignons je nach Grösse halbieren oder ganz lassen.

2. Die Gemüsepaprika- und Möhrenstreifen in einer weiten Bratpfanne in einem Esslöffel Olivenöl anschwitzen. Mit dem Balsamessig ablöschen, 5 Minuten dünsten. Mit Salz und Pfeffer würzen.

3. Die Champignons im zweiten Esslöffel Olivenöl scharf anbraten. Mit Salz und Pfeffer würzen.

4. Für die Marinade sämtliche Zutaten verrühren, den Knoblauch dazupressen.

5. Das Gemüse und die Pilze in einer Schüssel möglichst flach auslegen. Die Marinade darübergießen. Im Kühlschrank über Nacht ziehen lassen.

6. Kurz vor dem Essen Oliven, Kapern, getrocknete Tomaten und Kräuter daruntermischen.

Tipp: Mit Vollkornbrot servieren (Kohlenhydrat-Mahlzeit).

PIKANTER TOMATEN-BASILIKUM-DRINK

600 g Tomaten oder
4 dl/400 ml ungewürzter
Tomatensaft
250 g Salatgurke, geschält und
gewürfelt
1 TL–1 EL Zitronensaft
1/2 TL getrocknetes Basilikum
1 Prise Zucker
Meersalz
einige Tropfen Tabascosauce
Paprikapulver

4 Basilikumblättchen
2 Gurkenscheiben

Eiswürfel nach Belieben

1. Die Tomaten an der Spitze kreuzweise einschneiden. In einem
Schaumlöffel in kochendes Wasser
tauchen, bis sich die Haut zu lösen
beginnt. Die Früchte schälen, den
Stielansatz entfernen, würfeln.
2. Tomaten, Gurken, Zitronensaft,
Zucker und Basilikum pürieren.
Würzen.
3. Den Tomatensaft in Gläser füllen.
Mit Gurkenscheiben und Basilikum
garnieren.

Abbildung Seite 118

ORANGEN-DRINK

für 1/2 Liter

4 Orangen
100–150 ml/1–1,5 dl Wasser
2 EL weißes Mandelmus
2–4 EL Sahne/Rahm
abgeriebene Schale einer
unbehandelten Orange
1/2 Vanilleschote

2 Orangenscheiben

1. Die Orangen auspressen, den Saft
mit dem Wasser, dem Mandelmus
und der Sahne mixen. Die Orangen-
schalen dazugeben. Die Vanilleschote längs halbieren, das Mark
abstreifen und dazugeben.
2. Den Orangendrink in Gläser füllen,
eine Orangenscheibe auf den
Rand stecken.

Tipp: Wenn der Drink nicht sofort
getrunken wird, muss er kühl ge-
stellt werden.

Abbildung Seite 118

VITAMINDRINK

300 ml/3 dl Wasser
2 Portionenbeutel Hagebuttentee
oder
2 EL getrocknete Hagebutte
1 Zimtstange

400 ml/4 dl Cassissaft (schwarzer
Johannisbeerensaft)
1 EL Zitronensaft
wenig Birnendicksaft oder
Akazienhonig

1. Das Wasser mit den Teebeuteln und der Zimtstange aufkochen, von der Wärmequelle nehmen. 10 Minuten ziehen lassen. Teebeutel und Zimtstange entfernen.
2. Cassis- und Zitronensaft unter den Tee rühren. Nach Belieben mit wenig Birnendicksaft oder Akazenhonig abschmecken. In hohe Gläser füllen.

Tipp: Im Sommer gekühlt servieren.

Abbildung:
vorne links: Kresse-Drink (Seite 102)
hinten links: Orangen-Drink (Seite 117)
hinten Mitte: Pikanter Tomaten-
Basilikum-Drink (Seite 117)
hinten rechts: Apfel-Quitten-Drink
(Seite 78)
ganz vorne: Vitamindrink (oben)

MELONENCOCKTAIL

400 g Honigmelone
1 Apfel
1 Pfirsich
2 Aprikosen
1 Handvoll Beeren, ca. 50 g

frische Minze, in Streifen
einige gehackte Haselnüsse

1. Die Melone halbieren und entkernen. Das Fruchtfleisch mit dem Kugelausstecher ausstechen.
2. Apfel, Pfirsich und Aprikosen halbieren, entkernen oder entsteinen, in Spalten schneiden.
3. Sämtliche Früchte und Beeren mischen. In die Melonenschalen füllen. Mit Minze und gehackten Nüssen garnieren.

Tipp: Dieser Melonencocktail ist auch ein ideales Frühstück.

WINTERFRUCHTSALAT

1 EL gehackte Haselnüsse
1 kleine Orange
1 kleine rosa Grapefruit
1 kleiner Apfel
1 Birne

Sauce

¹/₂ Zitrone, Saft und abgeriebene Schale
¹/₂ Grapefruit, Saft
1 EL flüssiger Honig
1 Msp Vanillepulver

1. Die gehackten Haselnüsse ohne Festtstoff leicht bräunen.
2. Die Orange und die Grapefruit schälen. Auch die weißen Häutchen entfernen. Die Zitrusfrüchte quer in Scheiben schneiden. Apfel und Birne vierteln, entkernen und in feine Spalten schneiden.
3. Die Zutaten für die Sauce gut verrühren.
4. Die Grapefruit- und die Orangenscheiben abwechslungsweise mit den Apfel- und Birnenspalten auf einer flachen Platte anrichten. Mit der Sauce beträufeln. Haselnüsse darüber streuen.

APFELSCHAUM

300 g süße Äpfel, z. B. Jonathan
1 TL Zitronensaft
1 Msp Honig
wenig abgeriebene Zitronenschale
100 g/1 dl Sahne/Rahm

1 EL gehackte Walnuss-/ Baumnusskerne
2 Walnuss-/Baumnusskerne, für die Garnitur

1. Die Äpfel schälen, mit der Bircher-Rohkostreibe reiben. Sofort mit dem Zitronensaft mischen, damit die Äpfel nicht braun werden.
2. Die Sahne steif schlagen, mit dem Honig und dem Zitronengelb aromatisieren.
3. Die Äpfel und die Walnüsse unter die Sahne ziehen. In Glasschalen anrichten. Mit einer Walnuss garnieren.

Tipp: Dieser Apfelschaum ist auch ein ideales Frühstück.

Abbildung:
Apfelschaum

	Jan.	Feb.	März	April	Mai	Juni	Juli	Aug.	Sept.	Okt.	Nov.	Dez.
Aubergine								X	X	X		
Blumenkohl						X	X	X	X	X	X	
Bohnen, grüne							X	X	X	X		
Brokkoli						X	X	X	X	X		
Brüsseler Endivie/weißer Chicorée	X	X									X	X
Chinakohl									X	X		
Erbse/Knackerbse/Zuckerschote/Kefe						X	X					
Feldsalat/Nüsslisalat	X	X	X						X	X	X	X
Fenchel								X	X	X	X	
Gurke						X	X	X	X	X		
Kartoffel	X	X	X					X	X	X	X	X
Kastanie	X	X								X	X	X
Knollensellerie	X	X	X					X	X	X	X	X
Kohl/Kabis, Wirsing/Wirz	X	X	X			X	X	X	X	X	X	X
Kohlrabi					X	X	X	X	X	X		
Kürbis	X	X						X	X	X	X	X
Lattich					X	X	X	X	X	X		
Lauch/Porree	X	X	X			X	X	X	X	X	X	X
Mangold (Rippen-)/Krautstiel	X	X	X			X	X	X	X	X	X	
Möhre/Karotte	X	X	X	X	X	X	X	X	X	X	X	X
Paprika (Gemüse-)/Peperoni							X	X	X	X		
Pastinake	X	X	X						X	X	X	X
Rettich/Radieschen				X	X	X	X	X	X	X		
Rosenkohl	X	X	X						X	X	X	X
Rote Bete/Rande	X	X	X				X	X	X	X	X	X
Schwarzwurzel	X	X	X							X	X	X
Spargel				X	X	X						
Spinat			X	X	X	X		X	X	X	X	
Staudensellerie/Stangensellerie							X	X	X	X		
Tomate							X	X	X	X		
Zucchino						X	X	X	X	X		
Zuckermais								X	X	X		
Apfel	X	X	X	X				X	X	X	X	X
Aprikose							X	X				
Birne								X	X	X	X	X
Brombeere							X	X	X			
Erdbeere						X	X					
Heidelbeere							X	X				
Himbeere							X	X	X			
Johannisbeere							X	X				
Kirsche						X	X					
Pfirsich/Nektarine							X	X				
Pflaume/Zwetschge								X	X			
Quitte										X	X	
Stachelbeere							X	X				
Weintrauben									X	X		
Zuckermelone								X	X			

Fit, gesund und schlank

Die 10 goldenen Regeln

1. Salat und Gemüse sollen einen großen Stellenwert haben. Sie sind reich an Vital- und Ballaststoffen. Da die Ballaststoffe stark quellen und das Volumen des Nahrungsbreis vergrößern, führen sie zu einer angenehmen Sättigung. Es ist wichtig, genügend zu trinken.

2. Essen Sie morgens frische Früchte und mindestens einmal im Tag vor dem Mittagessen einen großen Teller Salat, abends eine leichte Suppe. Das stillt den Hunger.

3. Verwenden Sie nur beste, unbelastete Lebensmittel.

4. Stellen Sie Ihre Mahlzeiten nach den Trennkostregeln zusammen. Sie werden weniger von Essgelüsten geplagt.

5. Tierisches Eiweiß (Fleisch, Fisch usw.) in kleinen Portionen essen.

6. Für Salate nur kaltgepresstes Pflanzenöl verwenden (im Kühlschrank aufbewahren). Zum Dünsten eignet sich Olivenöl, zum Braten Butterschmalz/Bratbutter in kleinen Mengen.

7. Wer auf eine Mahlzeit verzichtet, setzt sich leicht der Gefahr aus, bei großem Hunger unkontrolliert und ungesund zu essen. Das belastet die Verdauung und kann leicht einen Rückfall in alte Essgewohnheiten bedeuten.

8. Die tägliche Flüssigkeitsmenge sollte 2 bis $2^{1}/_{2}$ Liter betragen. Dabei dürfen Gemüse, Früchte und Suppen eingerechnet werden (500 g Früchte oder Gemüse entsprechen $^{1}/_{2}$ Liter Flüssigkeit. Trinken Sie ausschließlich ungesüßte Getränke.

9. Hunger und Durst werden oft verwechselt. Prüfen Sie immer zuerst mit einem Glas Wasser, ob Sie nun Hunger oder Durst haben. Auch können Sie Ihr Hungergefühl durch stilles Mineralwasser und Kräutertee etwas stillen.

10. Kauen Sie jeden Bissen langsam und bewusst. Gutes Kauen stillt den Hunger und sättigt rascher. Die Nahrung wird für die Verdauung im Magen-Darm-Trakt vorbereitet und kann dadurch besser verwertet werden. Blähungen sind damit weitgehend ausgeschlossen.